LES
PAYS SCANDINAVES

DANEMARK, SUÈDE, NORVÈGE

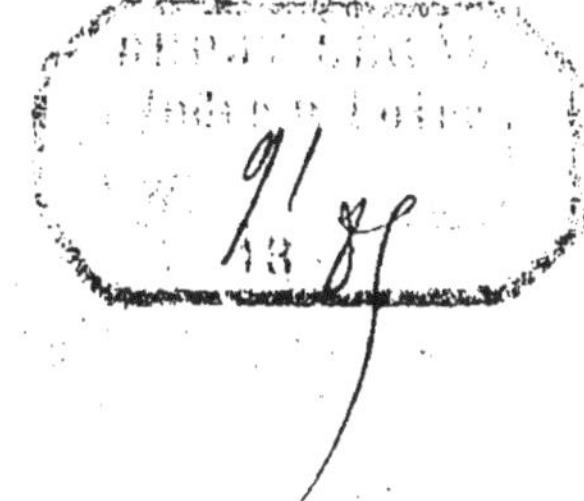

Copenhague (d'après une photographie).

BIBLIOTHÈQUE DE VULGARISATION

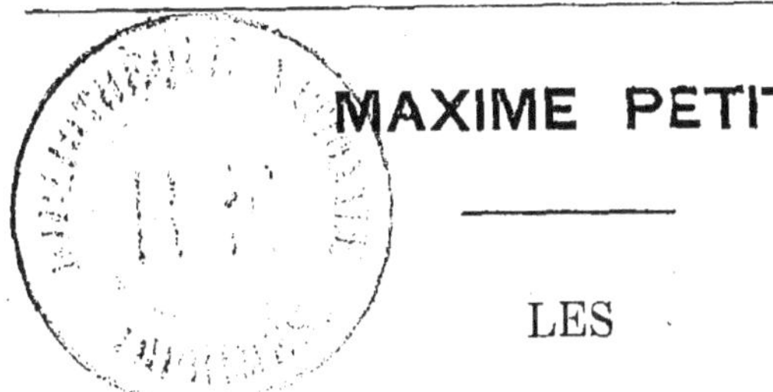

MAXIME PETIT

LES

PAYS SCANDINAVES

DANEMARK, SUÈDE, NORVÈGE

AVEC GRAVURES DANS LE TEXTE

PARIS
LIBRAIRIE GÉNÉRALE DE VULGARISATION
9, RUE DE VERNEUIL, 9

PRÉFACE

On donne le nom d'États Scandinaves à la Norvège, à la Suède et au Danemark, parce que ces trois royaumes sont habités par des populations de même origine, et qu'ils furent réunis au XIVe siècle sous un gouvernement unique par l'Union de Kalmar. Même au point de vue géologique, le Danemark est bien une terre scandinave, puisqu'il participe au mouvement d'ascension graduelle qui fait surgir des flots les côtes rocheuses de la presqu'île du Nord.

La Suède et la Norvège, royaumes indépendants régis par un même sceptre, occupent une superficie de 761,000 kilomètres carrés, et sont habitées par plus de six millions d'âmes. Elles ont cessé de prendre une part active à la politique européenne : elles cherchent uniquement à prospérer par leur agriculture, par leur industrie, par leur commerce, et ne songent désormais qu'au progrès pacifique, qui est le véritable progrès. Leur histoire militaire compte d'assez belles pages pour qu'elles n'éprouvent plus le besoin de s'appauvrir en imprégnant les champs de bataille du sang de leurs fils. Le Danemark, victime de la gloutonnerie allemande, a perdu toute importance politique. De puissants voisins le menacent, et il ne sera sans doute exempt d'inquiétude que le jour où les royaumes du Nord se grouperont en fédération.

Notre ouvrage a pour objet de donner le tableau fidèle des trois États Scandinaves. Il se divise en deux parties : dans la première, nous nous occupons du Danemark et du peuple Danois; dans la seconde, de la Suède, de la Norvège et de leurs habitants.

PREMIÈRE PARTIE

LE DANEMARK

CHAPITRE I

APECT GÉNÉRAL

Superficie et population. — Climat. — Faune et flore. — Versant oriental du Jylland. — Versants occidental et septentrional. — L'archipel Danois. — Bornholm.

Depuis les événements de 1864, le Danemark ne possède plus en Europe que le Jylland (Jutland), l'archipel danois et le groupe des Fa-roër. Il est compris entre le 55°20' et le 57°45 de latitude nord et entre 5°45' et 10°14' de longitude est. Il a une superficie de 38,237 kilomètres carrés, dont 12,993 pour les îles. Sa population, qui était de 1,975,000 habitants en 1879, soit 52 par kilomètre carré, s'accroît tous les jours d'un certain nombre d'immigrants, venus des provinces annexées à l'Allemagne et qui préfèrent la domination danoise au despotisme militaire. On rattache souvent l'Islande à l'Europe, parce qu'elle a été découverte par les Norvégiens; mais c'est bien réellement une terre américaine.

Le climat général du Danemark est relativement modéré. Il est plus doux dans les îles que dans l'intérieur du Jylland, beaucoup moins exposé à l'influence maritime. La température moyenne de l'année est à Copenhague de 8°25, mais les variations hivernales sont très considérables d'année en année : tantôt les détroits qui faisaient du Danemark le gardien des portes de la Baltique sont libres de glace, tantôt ils sont suffisamment pris pour être traversés.

En 1558, Charles-Gustave de Suède, marchant contre le roi de Danemark, passa sur la glace de Fyen à Langeland, puis à Laaland.

La faune et la flore ne diffèrent pas sensiblement de celles du Schleswig et de la Skanie. On rencontre à l'état sauvage le cerf, le chevreuil, le daim, le renard, le blaireau, la loutre ; les reptiles font à peu près défaut, sauf la vipère; mais les oiseaux aquatiques et les poissons sont en très grand nombre. La campagne était jadis couverte de chênes ; elle est aujourd'hui caractérisée par le hêtre, qui fleurit au mois de mai.

Parmi les arbres les plus communs, il convient de nommer le bouleau, le saule, l'aulne, le tremble, le noisetier, le châtaignier.

La terre danoise unissait autrefois la péninsule scandinave à l'Allemagne du Nord. Le Jylland, dans toute sa partie méridionale, prolonge la plaine de la basse Germanie, dont il a tous les caractères géologiques; mais les couches miocènes et crétacées qui s'étendent dans sa partie la plus large, reparaissent en Skanie, au sud de la Suède.

Le Jylland est borné au sud par le Schleswig, détenu par la Prusse contre le droit des gens. De ce côté, la ligne frontière du Danemark part, à l'est, de Christiansfeld-fjord, suit le cour du Konge-Aa, et, s'abaissant brusquement vers le sud, forme un angle droit dont le sommet est situé un peu au dessous de la rivière de Ribe. La mer du Nord, le Skager-Rak, le Kattégat, limitent le Jylland à l'ouest, au nord et au levant. Le Jylland a 235 kilomètres de longueur, de Ribe (au sud) au cap Skagen ; il a 175 kilomètres dans sa plus grande largeur.

Des collines généralement peu élevées divisent le Jylland en deux versants, qui présentent l'aspect le plus dissemblable : tandis que la pente orientale est soudaine, imprévue, comme les rivages qui la terminent du côté du Kattégat, la pente opposée descend régulièrement jusqu'aux plages basses de la mer du Nord. Le Kattégat, dont la navigation est très périlleuse, a de 40 à 80 mètres de profondeur et communique avec la mer Baltique par le Sund, le Grand-Belt et le Petit-Belt. C'est dans le Kattégat que se trouvent les îles de Lœso et d'Anholt.

Les collines du Jylland tournées vers la Suède appartiennent à la formation des terrains de transport et sont surtout composées de sable, d'argile, de marnes provenant des débris du granit, du gneiss et de la craie. Elles dominent une région très fertile, recouverte çà et là de forêts de hêtres, qui, partant des hauteurs, se développent jusqu'à la mer. Elles ne forment point une chaîne continue, mais une succession de massifs, dont l'un, le Skammlingsbanke, se dresse à 120 mètres au-dessus du Petit-Belt.

L'Ejersbavsnehoj, haut de 180 mètres, est le groupe culminant de tout le pays ; mais le Himmelbjerg, quoique moins élevé de 10 mètres, est plus connu, parce que la région qui s'étend à ses pieds et qu'arrose le Guden-Aa, est plus pittoresque et plus grandiose. Les rivières nombreuses du Danemark se prêtent mal à la navigation, parce qu'elles n'ont pas de profondeur; le Guden-Aa, qui se jette dans le Randers-fjord, est le cours d'eau le plus important du Jylland. Au nord du Lim-fjord, dont on lira la description plus loin, les collines forment une véritable arête, le *Jyske-das* ou *Dos du Jylland*, qui se prolonge en s'amincissant jusqu'à la pointe de Skagen.

La côte orientale du Jylland est maintes fois découpée par de nombreux fjords (Kolding, Vejle, Horsens, Randers, Mariager, Lim), dont la longueur est ordinairement d'une vingtaine de kilomètres, mais dont la largeur ne dépasse pas 5 kilomètres. C'est de ce côté que se trouvent les ports les plus profonds et les terrains les plus fertiles.

Le versant occidental ressemble assez à nos landes de Gascogne (landes, en danois *heder*), bien que la plaine ait été modifiée dans son aspect général par la culture et la construction des routes ou des chemins de fer. « Les terres sablonneuses sont revêtues de grandes bruyères et d'autres plantes ligneuses croissant en épais fourrés ; des flaques d'eau sont éparses sur les terrains dépourvus de pente; des tourbières (en danois : *moser*) se forment peu à peu à la place des étangs; comme dans les landes de Gascogne; les débris de végétaux s'amassent en couches noirâtres sous les buttes de sable qui les recouvrent; partout, sous les couches supérieures, le sous-sol, saturé du tanin des bruyères, forme une plaque dure d'*al*, — l'*alios* des landes françaises, — auquel se mêle l'oxyde de fer, assez riche en plusieurs endroits pour qu'il ait été possible de l'exploiter en minerai ; des assises de marne se trouvent aussi dans quelques parties du sous-sol des landes et facilitent l'œuvre de l'agriculteur qui veut conquérir le sable par les amendements[1]. »

La côte occidentale a, le long de la mer du Nord, un développement de près de 400 kilomètres. Elle se compose du dunes (*Klytter*) formées par des sables calcaires que les flots rejettent sur le rivage et que le vent emporte de plus en plus dans l'intérieur du pays. Elles ont été fixées en maint endroit par des plantations de pins ; mais alors elles s'élèvent à une hauteur maximum de 35 mètres et constituent comme une chaîne de collines mouvantes de Blaavands Huk à Skagen. Cette chaîne se continuait jusqu'en Belgique, mais la mer l'a en grande partie détruite sur la côte du Schleswig. Tout le littoral consiste en une série de plages bornées de distance en distance par des promontoires Mais le rivage primitif du Jylland occidental est parfaitement visible, puisque les étangs qu'on remarque en dedans des dunes sont d'anciens golfes d'eau salée, changés peu à peu en lacs d'eau douce par les pluies et les apports des rivières. Ces étangs sont comblés peu à peu par les alluvions ; ils n'ont pour ainsi dire pas de profondeur, et les petites barques seules ont accès dans les fosses que l'on rencontre çà et là au milieu des vases. Les plus remarquables sont : le Ringkjobing-fjord, le Stadil-fjord, le Nissum-fjord et le Lim-fjord. Le premier a une superficie de 300 kilomètres carrés : la flèche de Klitlandet (*terre des dunes*) le sépare, sur une longueur de 40 kilo-

[1] Reclus, *Géographie universelle*, t. V, p. 7 (Hachette).

mètres, de la mer du Nord, avec laquelle il communique par un étroit chenal de sortie. Des coulées sans profondeurs l'unissent au Stadil-fjord, qu'un lacis de ruisseaux stagnants isole seul de l'étang de Nissum. Le Nissum-fjord est séparé de la mer par une langue de terre percée d'une ouverture très étroite et très dangereuse, à laquelle on donne le nom de Torskminde (bouche des morues).

En remontant vers le Skager-Rak, on trouve entre les bailliages (*Amter*) de Ringkjobing et de Thisted, la brèche d'Agger, par laquelle les eaux marines pénètrent dans le Lim-fjord (1169 kilomètres carrés), qui traverse d'un bout à l'autre la péninsule Jyllandaise et se divise en trois parties : d'abord, un étang allongé, qui au delà d'Odby se partage en deux branches pour aller entourer la grande île de Mors; en second lieu, une grande mer intérieure d'une superficie de près de 500 kilomètres; enfin un fjord de largeur variable dans lequel se jettent plusieurs cours d'eau.

C'est seulement depuis 1825 que la pression des flots a défoncé le cordon littoral qui séparait le Lim occidental de l'Océan. Au sud de la brèche d'Agger, une tempête perça de nouveau le littoral en 1863 et forma ainsi le canal de Rön, qui s'élargit peu à peu et s'approfondit, tandis que la brèche d'Agger est envahie progressivement par les sables.

Sur tout le littoral danois de la mer du Nord, aucune ville importante ne se montre sur le rivage jusqu'à la pointe Skagen.

La partie septentrionale du Jylland prend part au mouvement d'ascension par suite duquel les côtes de la péninsule Scandinave émergent graduellement des flots : c'est ainsi qu'à l'est et au nord d'Aarhus des îlôts se sont trouvés réunis au continent sous forme de presqu'îles. Aucun port ne s'ouvre aux navires sur les rives du Skager-Rak, dont la navigation n'est exempte de périls qu'à une certaine distance de la côte et au-dessous de l'île de Lœso. Le Skager-Rak, profond de 100 à 400 mètres, est, au large, libre de tout récif, et les hautes terres de la Norvège méridionale le mettent à l'abri du vent.

Au nord du bailliage de Thisted se voit la baie de Jammer, ou *Baie de la Calamité*, très redoutée des marins. La plage du Skager-Rak est bordée d'épaves rompues : il se perd chaque année de trente à quarante navires sur les quarante ou cinquante mille qui passent entre Skagen et Lœso.

L'archipel Danois, entre le Jylland et la Suède, sépare le Kattégat de la mer Baltique. Il se compose :

1° de Fyen (Fionie), avec Samsö, Aro, Thassinge, Langeland ;

2° de Sjalland (Séeland), avec Amager, Saltholm, Möen, Falster, Laaland.

L'île de Fyen tenait jadis au continent ; elle en est aujourd'hui séparée par le Petit-Belt, large au sud de 20 kilomètres, mais au nord de 600 mètres environ ; il a de 10 à 30 mètres d'eau, mais il est resserré, tortueux, et les courants en rendent la traversée difficile ; ses côtes sont généralement basses, fertiles, découpées par de nombreux fjords, dont le plus important est celui d'Odense. Elle rappelle le Jylland, par la nature de son sol, par ses collines boisées, par ses prairies et ses champs bien arrosés. Les îles situées au sud, de même que la péninsule de Hindsholm doivent être à leur tour considérées comme une portion géologique de Fyen.

Le trajet entre Fionie et Sjalland se fait de Nyborg à Korsör par le Grand-Belt, long de 60 kilomètres, large de 20 à 40, profond de 16 à 32 mètres et le long duquel se trouvent, de part et d'autre, de petits ports et plusieurs bons mouillages.

Sjalland est la plus vaste, la plus belle et la plus fertile des îles danoises, avec ses champs magnifiques, ses épis hauts et chargés de grain, ses gras pâturages, ses lacs, ses golfes et ses forêts touffues. Les îles de Sjalland, de Saltholm, d'Amager, de Möen, de Laaland forment une terre unique, déchiquetée par les flots. C'est dans la petite île de Möen que se dresse le sommet culminant de l'archipel Danois; nous voulons parler de l'Aborrebjerg, haut de 150 mètres, et qui domine des hauteurs abruptes dont l'élévation atteint jusqu'à 130 mètres; ces hauteurs sont appelées *Moems Klint* ou « Falaises de Möen ». Möen se compose de sept îles, dont les détroits ont disparu, grâce au mouvement ascensionnel qui exhausse le sol de 6 centimètres par siècle.

Le Sund, qui fait communiquer, à l'est, le Kattégat et la Baltique, est long de 110 kilomètres environ; sa largeur est de 4 kilomètres et demi entre Krönborg et Helsingborg, et de 36 kilomètres entre Kjöbenhavn (Copenhague) et Malmö. Ses rivages sont charmants. « Point de marais, point de dunes. Les prairies viennent se perdre dans les flots, quand ce ne sont pas des arbres séculaires qui y réfléchissent leur épais et vert feuillage. » C'est une des routes les plus fréquentées du commerce international, puisqu'il y passe annuellement de vingt-cinq à trente mille navires. Les rois de Danemark qui commandaient autrefois sur les deux rives du Sund, prélevaient un impôt sur tous les bâtiments qui traversaient le détroit. Moyennant une indemnité versée par les nations qui faisaient le commerce dans ces parages, cet impôt a été aboli en 1857, époque à laquelle il rapportait plus de cinq millions. La route la plus suivie dans le Sund va d'Helsingör (Elseneur) à l'île de Hveen et passe derrière Saltholm [1].

Bornholm, dans la mer Baltique, est une île suédoise au point de vue géologique. Elle a mérité cependant de rester danoise, car lorsqu'en 1658 les troupes de la Suède vinrent prendre possession des provinces de Bleking, de Halland et de Skanie, la population de Bornholm extermina, en une nuit, tous les envahisseurs, à l'exception de douze, qui se trouvaient en dehors de la forteresse d'Hammershuus.

Bornholm a la forme d'un parallélogramme de 25 kilomètres de base et de 20 kilomètres de hauteur. Elle est située à 40 kilomètres E. de la pointe sud-est de la Suède et à 140 kilomètres E. du Sjalland, par 13°25' long. E. et 50° lat. N. Ses côtes sont d'un accès difficile, à cause des brisants et des bancs de sable qui forment tout autour comme une ceinture de falaises à pic; pourtant des ravins descendant du centre vers le rivage, creusent dans le

[1] Voici la superficie, en kilomètres carrés, des *principales* îles danoises :

Fionie, 3005; Langeland, 284; Sjalland, 6988; Moen, 240; Falster, 535; Laaland, 1191; Bornholm, 600.

La superficie *totale* des îles danoises est de 12,993 kilomètres carrés, et leur population s'élève environ à 1,050,000 habitants.

roc des criques qui servent d'abri aux petites embarcations.

Autour du sommet de Rytter-Knegten (156 m.), s'étendent des bois et des plantations qu'arrosent des cours d'eau poissonneux. Le sol est fécond, les forêts riches en gibier ; l'eider, au précieux duvet, abonde sur les côtes orientales, et des houillères empêchent le Danemark de manquer tout à fait d'industrie minière. Pline l'Ancien mentionnait déjà avec éloge les cristaux de roche dits *diamants de Bornholm*.

L'île entretient un mouvement de navigation assez actif; sa flotte marchande compte cent trente bâtiments, jaugeant 4,800 tonneaux et trois cents marins vont chaque année pêcher le phoque dans l'Océan septentrional. Ses industries principales sont : l'horlogerie, la poterie, le tissage et la construction des bateaux à voiles. Elle a pour chef-lieu Rönne, au sud-ouest, et, sur sa pointe septentrionale, s'élève un des phares les plus importants de la Baltique.

CHAPITRE II

LES VILLES REMARQUABLES DU DANEMARK

Ribe. — Esbjerg. — Varde. — Skjern. — Ringkjobing, — Lemvig. — Skagen. — Frederikshavn. — Aalborg. — Randers. — Viborg. — Aarhus. — Horsens. — Vejle. — Fredericia. — Odense. — Svendborg. — Description de Kjobenhavn (Copenhague). — Helsingör. — Röskilde.

Sur toute la côte occidentale du Jylland il n'y a à signaler aucune ville importante. *Ribe*, non loin de la frontière allemande, était riche en ressources et en butin au temps où les Danois formaient un peuple conquérant et aventurier; elle est aujourd'hui déchue, surtout depuis que les vases obstruent l'embouchure de la rivière de Ribe, et c'est à grand'peine qu'elle communique avec les îles de Chori, de Manö et de Kilsand. Les villes d'*Esbjerg*, de *Varde*, de *Skjern*, de *Ringkjobing*, de *Lemvig* ne doivent leur peu de vitalité qu'aux chemins de fer qui les relient l'une à l'autre.

Skagen, au-dessous du cap de même nom, et *Frédérikshavn* sont les deux lieux de pêche les plus importants du Danemark. C'est au nord de Frédérikshavn que sont situés les îlots de Hirtsholmene, qui prennent tous les jours une plus grande extension comme port de refuge. Les matelots prennent en grande quantité dans la baie voisine d'*Albæk* des soles, des turbots, des merlans et des morues, qu'ils vont revendre à Copenhague. *Aalborg*[1], sur le Limfjord, dont les deux rives sont unies en cet endroit par un beau pont, est rattaché par une voie de fer au port de *Randers*, centre de la fabrication des gants dits de Suède, et à *Viborg*, ancienne résidence des rois de Danemark, remarquable par sa magnifique cathédrale.

Aarhus est la ville la plus peuplée du Jylland. Elle est située sur le bord même de la mer, tandis que les ports de *Horsens* et de *Vejle* sont construits à l'extrémité de deux fjords. C'est à quelque distance de Vejle qu'est l'ancien bourg royal de *Jelling*, où Harald à la Dent Bleue éleva au xe siècle, à Gorn et à Thyra ses parents, deux tertres funéraires entre lesquels s'élèvent une église et des pierres ornées de runes ou de figures symboliques. Des collines boisées bordent le rivage, de Vejle à *Frédéricia*, où les Danois battirent l'armée du Schleswig-Holstein, le 6 juillet 1849.

Pour se rendre du Jylland dans l'île de Fyen, on traverse la mer de Frédéricia à *Strib*. Là, le chemin de fer conduit le voyageur à *Odense*, la ville consacrée à Odin, vieille cité déjà florissante avant même que Copenhague eût été fondée. L'aspect d'Odense est des plus surprenants : c'est un mélange de rues tortueuses et de rues régulières, de vieilles maisons et de maisons modernes, aux façades grises, blanches, brunes, vertes, roses, violettes. Partout, même dans les ruelles, même dans les faubourgs, règne une propreté étonnante. L'hermine pourrait être l'emblème d'Odense, a dit un voyageur. Des fleurs et des plantes

[1] Mouvement du port d'Aalborg en 1876 : mille cent cinquante navires, jaugeant soixante-douze mille six cent soixante tonneaux.

ornent toutes les fenêtres, qui, vues d'en bas, ressemblent à des parterres aériens. La cathédrale, de style gothique, fut bâtie du XIe au XVIe siècle : elle contient des tribunes comme un théâtre et des stalles; celles-ci, réservées autrefois à la bourgeoisie, celles-là à l'aristocratie. « Les chapelles sont très curieuses; il y a d'abord la chapelle de Ahsefeld, qui renferme des tombeaux en bronze sculpté, des armures en acier et des sépultures de marbre d'un goût barbare, très original. La chapelle de Walckendorf contient une bière de bois ciselé où la femme semi-officielle de Christian IV, Christine Munch, a été embaumée. On peut faire ouvrir cette bière et contempler sous les voiles de la mort celle que Christian IV, appelé ici le Béarnais du Danemark, a le plus aimée. Elle est admirablement conservée. Les mains, malgré les plis du temps et du trépas, sont fines, délicates, artistiques. Elle eut de Christian six filles et trois garçons, dont aucun ne règna. Les bas-reliefs du-dessus du sépulcre de Christian II, un comte de Rantzau, buriné en granit sur les dalles, et une plaque d'airain travaillé, derrière laquelle sont les os d'un prince Canut assassiné, méritent encore d'être examinés dans cette église [1]. »

Au sud de Fyen, vis-à-vis la petite île de Thassinge, est la ville de *Svendborg*, dont les maisons s'étagent en pente douce jusqu'à la mer. De là, le spectateur jouit d'un panorama aussi étendu que varié : au loin émergent des grandes eaux les îles de Thassinge, de Strynö, d'Arö, de Langeland, de Thorö, toutes vertes au milieu des flots bleus. Des

[1] DARGAUD, *Voyage en Danemark* (1860) (Hachette).

bois de chênes et de frênes, des bouquets de saules, des forêts de hêtres, mêlant leur bruissement au murmure des vagues, croissent à l'intérieur même des fjords.

L'île de Thassinge renferme le château de Waldemar, élevé par Christian IV et donné depuis à la maison Juel, dont les tombeaux sont rangés par date dans une église bâtie sur la colline Breuinge. A cette famille appartient le célèbre amiral Niels Juel.

C'est dans l'île de Sjalland que se trouve *Kjobenhavn* (Copenhague), capitale du Danemark.

Copenhague forme le point de transition entre l'Europe centrale et l'Europe du nord, entre l'Europe occidentale et la Russie : pour aller de Berlin à Stockholm, de Londres à Pétersbourg, on passe par la capitale danoise. Le Sund, sur lequel est bâtie Copenhague, est plus commode pour la navigation que le Petit-Belt et que le Grand-Belt remplis d'écueils et de bancs de sable ; il fait communiquer en droite ligne le Kattégat avec la Baltique, et les navires qui ont le vent arrière peuvent passer d'une mer à l'autre sans avoir besoin de louvoyer. De plus, la rive orientale du Sjalland, abritée contre les vents d'ouest, est plus profonde et plus sûre que la rive opposée. Il était naturel que les navires faisant le commerce entre les deux mers s'arrêtassent dans la rade où s'éleva plus tard la Constantinople du nord. Au milieu du XIIe siècle, l'emplacement où s'élève aujourd'hui Copenhague, était occupé par quelques cabanes de pêcheurs. L'évêque de Röskilde l'ayant acheté du roi Wademar Ier, l'entoura de murs et y construisit un château fort, à l'abri duquel des marchands, de plus en plus nombreux, vinrent établir leurs comptoirs,

Le hameau prit une telle importance, que Christophe de Bavière ayant racheté du chapitre de Röskilde ses droits seigneuriaux sur Copenhague, y établit sa résidence (1443). La cour l'y suivit et depuis ce jour Röskilde perdit son influence au profit de Copenhague, qui devint capitale du royaume. Dès le milieu du XIIe siècle, le village primitif était désigné dans les chroniques sous le nom de *Portus Mercatorum*. Cette désignation est restée : *Kjobenhavn* veut dire *Port des marchands*.

Copenhague se compose de trois parties distinctes: la vieille ville, à l'ouest, reconstruite après l'incendie de 1794; la nouvelle ville, à l'est, qui comprend les plus beaux quartiers ; enfin, Christianshavn, située dans l'île d'Amager, véritable jardin potager de la capitale, dont elle est séparée par un canal très étroit, sur lequel on a jeté deux ponts. Les rues, dont la plus animée est celle d'Ostergarde (rue de l'est), sont en général régulières, décorées de beaux jardins et de vastes places : la plus spacieuse est la nouvelle place royale (Kongens-Nye-Torv). Les maisons sont le plus souvent construites en briques : plusieurs se font remarquer par la beauté et l'ampleur de leurs proportions. Le Langelinie, belle allée au bord de la mer, est la promenade favorite des citadins, qui peuvent d'ailleurs trouver dans les environs de magnifiques buts d'excursions : au nord, Charlottenlund, avec ses chênes gigantesques ; le village de Bellevue ; le parc royal de Dyrhaven, qui a sept lieues de tour ; les bains de Klampenborg ; le château de l'Ermitage, rendez-vous de chasse du roi ; le palais de Skodsborg, dans une charmante petite baie, où viennent aborder les yachts de plaisance; — au sud, la petite ville de Frédériksborg, avec ses parcs antiques et la statue de Frédérik VI. La ceinture de murailles qui entourait naguère la ville est en partie détruite, car les maisons trop à l'étroit ont franchi l'enceinte et se sont éparpillées dans la campagne. Copenhague est aujourd'hui protégée par la citadelle de Frédérikshavn, par des forts qui isolent la cité proprement dite de la mer, et par des fortifications qui s'élèvent au milieu des vagues sur des îlots artificiels. « Elle est d'origine naissante. Cependant, comme son plus grand développement s'est opéré au XVIe siècle, époque admirable pour l'architecture, elle n'aurait pas cette plate uniformité, cette régulière et monotone beauté qui fait le désespoir des touristes, sans les incendies, qui, dans les deux derniers siècles, l'ont périodiquement dévastée. Élégante et propre, elle n'a pas la majesté de Paris, de Londres, de Pétersbourg. Les sous-sol y sont en usage autant qu'à Hambourg. Les tavernes n'ont de l'attrait pour les buveurs qu'à la condition d'être souterraines. C'est aussi dans les caves que se réfugient les fruitiers, les épiciers et tous les marchands un peu subalternes. Les grands magasins, destinés à l'orfévrerie, aux nouveautés, aux objets de luxe, ne sont pas non plus de plain-pied avec la rue et n'y ont point d'ouverture. La porte d'entrée, où l'on n'arrive qu'après avoir gravi quelques marches d'escalier, donne presque toujours dans un couloir qui divise la maison. Cet arrangement antique, pratiqué du reste en France au siècle dernier, nuit beaucoup à la beauté d'une ville [1].»

[1] *Du Danemark*, par A. de FLAUX, p. 106 (Firmin-Didot).

Bien que Copenhague ne soit pas une ville essentiellement manufacturière, les principaux métiers et les principales industries s'y trouvent représentés comme dans les autres capitales européennes. Copenhague doit son importance commerciale à son port profond de huit mètres et accessible aux plus grands navires qui peuvent jeter l'ancre au bord même des quais. Des canaux reliant la mer au centre de la ville, permettent aux embarcations plus légères d'apporter au cœur même de la cité les divers objets de consommation. Plus de la moitié du commerce du royaume a pour marché la capitale, et le mouvement du port, non compris le cabotage avec les ports danois, a donné, en 1876, les résultats suivants :

Entrées de voiliers :	4 390	jaugeant	211 800 tonnes.
Sorties — —	4 963	—	300 527
	9 353	—	512 327
Entrées de vapeurs :	1 222	jaugeant	149 066 tonnes.
Sorties — —	1 653	—	93 942 —
	2 875		243 008

Total de la navigation : 12228 navires jaugeant 755 335 tonnes.

Enfin, Copenhague est le siège de la Compagnie des Télégraphes du nord, qui possède environ 8,000 kilomètres de fils, allant de l'Angleterre et de la France au Japon, à travers la Russie et la Sibérie.

Malgré son admirable situation, Copenhague n'était pas destinée à devenir le centre d'un grand empire : il manque, en effet, au Danemark la cohésion géographique, et une constitution géologique de nature à permettre l'agglomération des terres conquises autour de la mère patrie. Aussi, malgré la valeur dont ils ont donné plus d'une preuve, les descendants des Northmen sont-ils réduits à l'impuissance. Menacé par l'Allemagne et la Russie, le Danemark ne conservera son indépendance que si la fédération des trois Etats scandinaves passe dans la réalité des faits. Mais si le panscandinavisme vient un jour à triompher, Copenhague sera la capitale nécessaire, celle qui soudera le mieux les trois États. L'*International peace and arbitration association*, réunie à Berne, au mois d'août 1884, s'est occupée déjà de la question de neutralisation, sur l'invitation de M. Bajer, représentant du Danemark. Celui-ci, après avoir établi l'importance pour l'Allemagne et pour la Russie du Sund, du Grand-Belt et du Petit-Belt, a démontré qu'en cas de guerre entre les deux empires intéressés, l'un d'entre eux serait forcément amené à s'en emparer, ainsi que des côtes qui les bordent, et peut-être ensuite à conserver, après la fin des hostilités, les positions occupées. Pour lui, le seul moyen d'empêcher un semblable fait de se produire, consisterait dans *la conclusion d'un traité qui déclarerait les trois pays scandinaves neutres*, comme le sont déjà la Belgique et la Suisse. Ne serait-ce pas là un acheminement vers la fédération des trois États?

Les monuments de Copenhague sont presque tous remarquables.

Le palais d'Amalienborg, résidence du souverain, est bâti dans le style français du XVIIe siècle. Celui de Rosenborg fut bâti, par ordre de Christian IV, sous la direction d'Inigo-Jones, en 1604. La façade, très étroite, ne contient que trois croisées, tandis que les ailes sont flanquées chacune de trois tours : disposition bizarre, qui donne au château la forme d'une croix grecque. Rosenborg renferme les reliques des monarques danois, depuis son fondateur jusqu'à Frédérik VI, et l'on a consacré à chaque souverain une pièce qui porte son nom et qui est remplie de ses objets familiers. C'est là que l'on conserve la coupe de chasse de Christian VI, qui contenait deux bouteilles et que le souverain vidait d'un seul trait. La *salle des chevaliers* sert de salle de couronnement : trois lions d'argent, de grandeur naturelle et figurant les deux Belts et le Sund, entourent le trône dont ils semblent les gardiens.

Le Rigsdag siégeait naguère dans le palais de Christiansborg, reconstruit à la suite de l'incendie de 1794 et brûlé de nouveau en octobre 1884. Sa façade avait un développement de 120 mètres, et son portail était orné de sculptures et de statues dues au ciseau de Thorvaldsen. Dans une de ses ailes était installé le musée de peinture.

La ville n'est pas riche en statues. Il faut cependant citer, parmi les principales : celle de Frédérik VII, de Frédérik V, du physicien Œrsted, de l'astronome Tycho-Brahé, de Holberg et de Œhlenschlaeger. Ces deux dernières statues se dressent en face du Théâtre Royal de Kongens-Nye-Torv, où l'on représente des opéras, des ballets tirés de la mythologie scandinave, des tragédies, des drames, des comédies empruntés non seulement au répertoire national, mais aussi aux auteurs ou compositeurs français, allemands ou italiens. Le *Folke-Théâtre* est réservé au vaudeville et à la comédie ; le *Vertevero-Théâtre* aux pièces légères et bouffonnes. Le *Théâtre du Casino* rappelle nos *Folies-Dramatiques*. Quant au théâtre particulier de la cour, il était installé dans le palais de Christiansborg avant l'incendie.

Le soir venu, la population de Copenhague se répand aux alentours, qui sont peuplés de guinguettes, de cafés chantants et de jardins publics. Le plus fréquenté des établissements de ce genre est celui de Tivoli : quinze mille personnes environ y circulent à l'aise moyennant une rétribution de 0 fr. 75. Toutes les distractions imaginables sont réunies dans cet Eden populaire : excellent orchestre, salle de spectacle, ballets, cafés chantants, pantomimes, salle de bal, montagnes russes, concerts en plein vent, bazar, restaurant, tir au pistolet et jeux de toutes sortes. Le parc de l'Alhambra est moins fréquenté que Tivoli, bien qu'il n'ait rien à envier à son rival.

Ce goût pour les plaisirs n'empêche pas les Danois d'aimer l'étude et de visiter les musées dont Copenhague s'est enrichie. Le musée ethnographique possède des collections au mérite desquelles les savants de tous les pays se plaisent à rendre justice. Le musée des Antiquités du nord organisé par Thomsen, le célèbre fondateur de l'archéologie danoise, est d'autant plus riche que la loi oblige celui qui a découvert un objet antique à l'envoyer au musée de Copenhague. Les pièces exposées sont divisées en trois âges, qui sont comme autant de cycles de l'histoire du nord : âge de la pierre, âge du bronze, âge du fer. Le premier étage est consacré à des objets de date plus récente : armures de chevaliers, armes damasquinées, manuscrits, tablettes en cire écrites au burin, hanaps en métal ou en ivoire, cornes à boire, tapisseries anciennes, couronnes de mariées depuis les temps les plus reculés jusqu'à nos jours. Le musée de Rosenborg continue en quelque sorte le musée des Antiquités, puisqu'il renferme toutes sortes d'objets, dont la succession donne une idée fidèle de la vie danoise aux diverses époques. Pour clore la série des musées, nous signalerons un cénotaphe de style égyptien consacré à Thorvaldsen et renfermant, avec les restes de l'illustre sculpteur, la collection complète de ses œuvres originales ou reproduites [1].

Les bibliothèques, qui, comme les musées, contribuent si puissamment à la vulgarisation des connaissances humaines, sont loin de faire défaut : la Bibliothèque royale compte cinq cent mille volumes, entre autres les manuscrits des Eddas. La Bibliothèque Classen et celle des beaux-arts sont aussi riches et anciennes, mais elles le sont beaucoup moins que celle de l'Université, qui renferme deux cent cinquante mille volumes, notamment la collection des sagas islandaises, et à laquelle l'ordonnance de 1821 garantit un exemplaire de chacun des ouvrages nouveaux.

Cette description est déjà bien longue, et pourtant nous n'avons fait qu'indiquer sommairement les choses les plus remarquables de Copenhague. Le cadre restreint de ce volume nous met dans l'obligation de n'accorder qu'une simple mention à la Banque nationale (style italien de la Renaissance); aux hôpitaux de Frédérik V et de la Commune; à la Bourse,

[1] Voir le chapitre : *Beaux-arts*, p. 113.

que surmonte un clocher formé de quatre dragons entrelacés; à l'hôtel de ville; à la synagogue; à l'église de Notre-Dame, ornée de treize statues de Thorvaldsen (*le Christ et ses apôtres*); enfin, à l'église de la Trinité contiguë à cette Tour Ronde que Pierre le Grand s'amusait à gravir au trot de son cheval et dont les inscriptions sont tracées dans la langue des Eddas, idiome primordial des races scandinaves. La Tour-Ronde (*Runde taarn*) a 120 pieds de haut : on arrive à son sommet par une pente douce en spirale sans avoir besoin de franchir une seule marche d'escalier. Mentionnons aussi l'inscription suivante qui se lit sur l'un des murs de la maison commune :

My Lov skal
Man Land bigge :

« C'est sur la loi qu'il faut fonder le pays. »

Un bateau à vapeur part tous les matins de Copenhague pour *Helsingör* (Elseneur), d'où il revient le soir même : le promeneur, s'il déjeune à bord, a donc le temps de visiter les curiosités de la ville sans être tenu d'y coucher. Pendant la traversée, ce bateau ne s'éloigne jamais de la côte, parsemée de villas et de cabanes de pêcheurs. Charlottenlund, Bellevue, le parc de Dyrhaven, qui a sept lieues de tour, les bains de Klampenborg, les châteaux de l'Ermitage et de Skodsborg, l'île de Hveen, qu'habita le célèbre Tycho-Brahé, les forêts de Niberod et de Nyrup, en un mot une foule de merveilles dues à la nature et embellies par la main de l'homme rendent le trajet par mer beaucoup plus agréable que le trajet par terre. Le chemin de fer de Copenhague à Helsingör est en effet beaucoup plus long. Il est vrai que, s'il décrit une courbe très accentuée, il passe auprès du château de Frédériksborg, le Versailles du Danemark, et à Frédensborg, résidence d'été du souverain.

Helsingör n'a jamais été la capitale du Danemark que dans le drame de Shakespeare. C'est une petite ville propre, assez animée et dont la population se compose surtout de marchands et d'aubergistes; elle est bâtie à vingt minutes du château de Marienlyst, peu remarquable par lui-même, mais très connu, grâce à la tradition qui a placé dans ces lieux la villa d'Hamlet. « Marienlyst s'élève à peu de distance d'une colline de gazon, à laquelle il est relié à chaque étage par un pont volant. Avant d'arriver au faîte, et cependant au-dessus des toits du château, s'étend une surface plane, étroite et longue, plantée de hêtres, et qu'on appelle la terrasse d'Hamlet. On jouit de cet endroit d'un des plus beaux points de vue qui existent dans le nord: à ses pieds, on voit les jardins de Marienlyst que baignent les flots du Sund, puis, au delà de la mer, la ville d'Helsingborg, des plaines vertes, et, enfin, tout à l'horizon, les montagnes bleues de la Suède; à droite, la ville d'Elseneur, avec sa jolie cathédrale, qui lève fièrement sa tête noire au-dessus des toits rouges des maisons, et, sur un cap, son magnifique château de Kronborg; à gauche, les grasses vallées du Seeland, dont les vastes prairies se confondent avec l'azur du ciel et les eaux glauques de la Baltique. On dit que c'est sous ces ombrages épais qu'Hamlet allait rêver au moyen de découvrir et de punir le meurtrier de son père. Il n'y a pas ici une pierre, un arbre, une motte de terre qui ne soit empreinte du souvenir de notre héros. Au-dessus de la terrasse, tout au sommet de la colline s'étend un vaste plateau ; au milieu de ce plateau s'élève une pierre runique. La terre qui l'entoure, fraîchement cultivée était émaillée de fleurs ; c'est là, d'après la tradition, que repose du sommeil éternel le corps qui servit d'enveloppe à l'âme loyale, inquiète, tourmentée de ce pauvre Hamlet [1]. »

Marienlyst était la villa des vieux monarques danois : Kronborg en était le château, Kronborg qui, malgré les efforts des siècles et des tempêtes, dresse son énorme masse sur une langue de terre, au plus étroit du Sund. Cette antique demeure a remplacé au XVIe siècle le château d'Œrekrog, qui avait été construit lui-même sur l'emplacement du Flynderborg. Les Danois ont une sorte de respect superstitieux pour ses épaisses murailles, ses larges cours, ses voûtes sombres, ses longs péristyles, ses immenses et innombrables salles, son église aux dalles sonores ; et, si l'on en croit la légende, Ogier le Danois (Holger Danske) dort dans ses souterrains jusqu'au jour où la patrie menacée aura besoin de son bras.

Mais ni Helsingör, ni Marienlyst, ni Kronborg n'ont été habités par le héros de Shakespeare, qui, en réalité, a vécu dans le Jylland. Saxo-Grammaticus nous apprend qu'Hamlet était le fils d'un chef de pirates qui gouvernait le Jylland avant l'ère chrétienne. Séduite par son beau-frère, la mère du jeune homme avait égorgé son mari pour épouser son amant. Hamlet instruit de ce crime, simula la folie pour venger plus facilement la victime. A la suite d'une foule de pé-

[1] De Flaux, *op. cit.*, p. 125-129.

ripéties essentiellement dramatiques, il parvint au but désiré et assassina l'usurpateur après lui avoir reproché le forfait dont il s'était rendu coupable. Il épousa ensuite en secondes noces une reine étrangère et périt dans un combat. On voit que le dramaturge anglais s'est fort écarté de la chronique. Qui songerait à le lui reprocher?

Röskilde, ancienne capitale et ancienne métropole du Danemark, possède aujourd'hui encore la plus belle cathédrale de la contrée. Fondé en 980 par Harald à la Dent Bleue, cet édifice domine la baie d'Ise-fjord, dont il est cependant séparé par un assez long promontoire. Il est le Westminster et le Saint-Denis du Danemark : Saxo-Grammaticus y est enterré parmi les monarques. Les plus beaux monuments renfermés dans l'église sont les tombeaux en marbre blanc de Frédérik IV et de sa femme la reine Louise : sur le devant est un enfant qui pleure, par derrière la Renommée, qui embouche la trompette, et au milieu un Christ étendu.

La cathédrale de Röskilde fut, au XIe siècle, le théâtre d'une scène analogue à celle qui eut lieu à Milan entre l'empereur Théodose et l'évêque Ambroise. Le roi Svend Estridsen avait fait assassiner dans la basilique les meurtriers de son père, et, malgré ce crime, il s'était présenté le lendemain pour assister à l'office religieux. L'évêque Guillaume, informé de l'arrivée de Svend, se plaça sur les degrés du temple et ordonna au souverain de se retirer. Celui-ci dut faire amende honorable avant de s'agenouiller de nouveau au pied des autels.

Les autres villes de Danemark ont peu d'importance. Voici toutefois le chiffre de la population des villes principales qui ont plus de 5000 habitants : Copenhague, avec Frédériksberg : 250,000 habit.; Odense : 20,000 habit. ; Aarhus : 20,000 habit. ; Aalborg : 12,000 habit. ; Randers : 12,000 habit. ; Horsens : 12,000 habit. ; Helsingor : 10,000 habit.; Frédéricia : 8,000 habit. ; Viborg : 7,000 habit. ; Svenborg: 7,000 habit. ; Vejle : 6,500 habit. ; Kolding : 6,000 habit ; Slagelse : 6,000 habit. ; Röskilde : 6,000 habit. ; Rönne (Bornholm) : 6,000 habit.

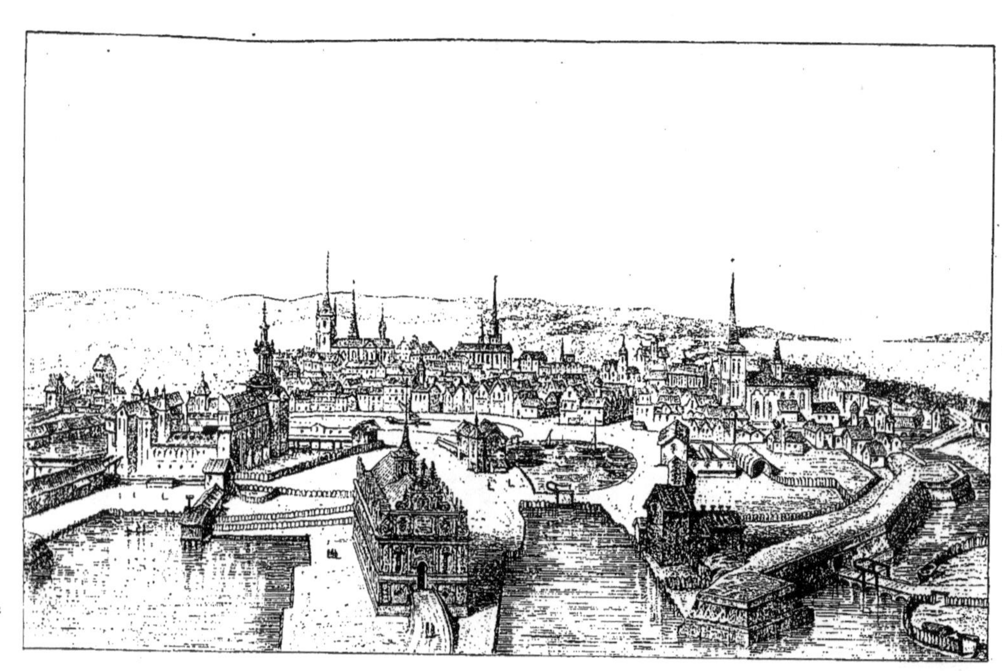

Copenhague au XVIIe siècle (d'après une gravure du temps).

CHAPITRE III

QUELQUES PAGES D'HISTOIRE

Populations primitives. — Cosmogonie scandinave. — Les Northmen. — Introduction et propagation du christianisme. — Formation des quatre ordres. — La Réformation. — La Révolution de 1660. — La question du Scheswig-Holstein.

I. — Le sol du Jylland et des îles Danoises contient des traces nombreuses de civilisation primitive, et c'est par centaines de mille qu'on a ramassé sur les bords du Kattégat et sur la rive occidentale de la Baltique, les fragments des industries rudimentaires de nos aïeux. Aussi loin qu'il nous est possible de remonter dans les temps préhistoriques, nous trouvons le Danemark couvert de bouleaux nains et des arbrisseaux qui viennent de nos jours au sud de la Laponie. L'homme y vivait concurremment avec les rennes et les élans sous un climat aussi rigoureux que l'est maintenant celui de la zône polaire. Il se servait d'outils en silex, savait construire des barques, se nourrissait de moules, d'huîtres, de viande de cerf et de sanglier, comme le prouvent les *Kjoekkenmoeddinger* (débris de cuisine) si répandus dans une certaine couche du sol danois. Dans la dernière période de l'âge de la pierre polie, on trouve à côté des outils primitifs, des instruments plus perfectionnés et déposés dans des monuments funéraires qu'on désigne sous le nom de *Jættestner*. Ces *chambres de géants*, composées parfois de plusieurs compartiments formés de blocs de granit, renferment des ustensiles, des armes, des parures, des ossements d'animaux enterrés en compagnie des morts. De plus, les hommes de l'époque néolithique étaient familiarisés avec l'élève des bestiaux et les procédés élémentaires de l'agriculture.

L'âge de bronze ne prit fin très probablement qu'au IIe siècle de notre ère. Les squelettes de cette époque sont recouverts de vêtements dont le tissu épais est parfois très bien conservé; les armes, les instruments et les parures, de formes élégantes, sont souvent ornés d'appliques en or; sur les objets sont dessinés des embarcations, des oiseaux, des monstres. C'est peut-être de cette civilisation que parle le marchand Pytheas, de Marseille, qui fit une expédition dans les mers du Nord, trois cents ans avant Jésus. Quant aux caractères runographiques, ils datent de l'âge de fer.

Suivant l'archéologue Nilson et le philologue Rask, le Danemark tout entier était occupé par des tribus Laponnes aux temps qui précèdent l'histoire. D'autres savants estiment que les Lapons n'avaient pénétré dans le Jylland et dans les îles que par groupes de colons errants. Ce qu'il y a de sûr, c'est qu'une race de faible capacité crânienne habita la contrée avant les Germains scandinaves. Lorsque les Kimbres, les Hérules, les Angles, les Saxons, eurent émigré et envahi des pays divers, les Slaves obéissant à la poussée des peuples vers l'Occident, s'établirent dans les petites îles méridionales de l'archipel ; mais les principaux envahisseurs furent les Danois (*Dænen*, *Dæna*, *Dæniske*), ancienne confédération de tribus scandinaves. Pictet pense que les Danois se rattachent aux Daces, de la même façon que les Goths se rattachent aux Gètes, lesquels semblent de la même famille que les Daces et appartiennent comme eux à la famille aryenne. Les Daces et les Gètes, au dire de Strabon, parlaient la même langue, et l'histoire ancienne associe toujours ces deux noms de peuples. Les Daces de l'antiquité apparaissent non seulement dans la Thrace, d'où ils sont partis probablement pour le Nord, mais aussi en Asie, au delà la Caspienne : là comme en Thrace ils paraissent associés aux Gètes.

Les inscriptions runographiques ne constituent pas des documents assez complets pour nous permettre de savoir d'une manière précise comment vivaient les habitants païens des contrées danoises, mais certaines lois du XIIe siècle ne furent que la codification de coutumes antérieures et suppléent parfois à l'insuffisance des renseignements fournis par l'épigraphie. La population se partageait en hommes libres et en serfs. Les serfs étaient les descendants des colons primitifs, qui avaient subi la conquête, ou les prisonniers des Vikings. Les familles libres possédaient des propriétés étendues ; leur chefs connaissaient l'art de fabriquer des flèches, allaient à la chasse et à la guerre, jetaient la lance, nageaient, montaient à cheval et comprenaient les runes. Nous savons par une vieille poésie, le *Rigsmaal*, qu'ils vivaient dans des habitations dont le plancher était, par luxe, recouvert de paille, que leurs femmes ne manquaient point d'une certaine coquetterie, que leurs fils étaient habitués de bonne heure à tous les exercices corporels, et qu'ils se nourrissaient de gâteaux de froment, de jambons, de volailles rôties. Les paysans, également libres, maniaient la hache, conduisaient la charrue, bâtissaient des granges, construisaient des chars pendant que leurs femmes s'occupaient à filer. S'agissait-il de garder les troupeaux, de couper la tourbe, de fumer les champs? Tous ces travaux, réputés avilissants, étaient exécutés par les serfs au dos courbé, au teint bruni, à la peau rugueuse. Quelle que fût la situation de son époux, la femme était toujours l'objet d'une grande considération, surtout lorsqu'elle était mère. La jeune fille épousait non pas l'homme de son choix, mais celui que ses parents lui destinaient. Elle devenait l'égale de son mari; elle pouvait comme lui divorcer légalement et quitter la maison en emportant sa dot.

A la tête de chaque tribu se trouvait généralement une famille dont un ou plusieurs membres portaient le titre de roi, et ces rois, chefs du pays en paix comme en guerre, veillaient au respect des coutumes reçues. Le pays resta divisé en un certain nombre de petits États jusqu'à ce que Skjold, roi de Skanie, qui vivait au Ier siècle, fondât, dit-on, la dynastie danoise de Skjoldünger.

Ce fut Dan le Magnifique qui, vers 250, créa la grandeur du Danemark en s'emparant de toutes les entrées de la Baltique. Son royaume comprenait non seulement le Jylland et les îles, mais encore les provinces suédoises de Skanie, de Halland et de Blékingen.

Le pouvoir royal n'était pas très étendu: les hommes

libres discutaient les affaires publiques dans des assemblées appelées *Things*, auxquelles assistaient le monarque ou ses envoyés; ils avaient le droit d'accorder ou de refuser au souverain la levée des impôts, qui consistaient principalement en vivres et en munitions de guerre.

Nous connaissons par les Eddas les croyances religieuses de la Scandinavie païenne. A l'origine des temps, tout était confondu : au nord était la région des nuages (Niflsheim); au sud la région du feu et de la lumière (Muspelheim); au milieu, un abîme béant dans lequel luttaient la nuit et le jour, et où coulaient douze fleuves empoisonnés dont l'eau durcie par la gelée finit par combler l'abîme. Sous l'influence de Muspelheim, la glace fondit et engendra le premier être vivant, le géant Ymer, dont le bras gauche donna naissance à l'homme et à la femme, tandis que sa main droite et son pied droit engendrèrent un autre géant à six têtes. De la glace fondue sortit aussi une vache divine Aoudhoumbla, qui nourrit Ymer des quatre fleuves de lait coulant de ses pis (les quatre éléments), et qui, en léchant les pierres couvertes de givre, en fit sortir le premier jour la chevelure d'un homme, le second jour sa tête et le troisième jour l'homme complet, beau, grand et vigoureux. Celui-ci reçut le nom de Buri, et de Buri naquit Borr, père d'Odin, de Véli et de Vé; ceux-ci égorgèrent Ymer et se partagèrent le monde. Odin et ses deux frères prirent ensuite deux arbres et en firent un couple humain, Aske et Embla l'homme et la femme, qui habitèrent le Wigard; la race divine d'Odin habita l'Asgard, séjour des félicités éternelles, où s'élevait le paradis promis aux braves, le Walhalla : là, au milieu des nuages baignés de lumière, les héros morts dans les combats mangent du jambon et boivent de l'hydromel servi par les Walkyries ; là, les forts se livrent à des jeux guerriers pendant que les lâches vivent comme des ombres dans les ténèbres glaciales de l'enfer. Odin et Frigga, la déesse de la terre, source de toute fécondité procréèrent une race de dieux : Thor, le maître des nuages ; Balder, le dieu de la lumière ; Nïord, le dieu des mers ; Bragé, le dieu de l'éloquence. Une lutte terrible ne tarda pas à s'engager entre le bien et le mal, entre le Walhalla et les Puissances perverses ; elle durera jusqu'au jour où, la lumière ayant vaincu les ténèbres, un monde nouveau et bon remplacera l'ancien.

II. — Il suffit de considérer la position géographique de la Scandinavie pour voir que ses habitants étaient tout naturellement destinés à la navigation, et pour prévoir ces excursions terribles du moyen âge, dont la France et l'Angleterre eurent particulièrement à souffrir : un monarque danois finit par régner sur l'Angleterre (1017), et Charles le Simple dut céder au chef Rollon la province qui prit le nom de Normandie (911). Les Northmen se composaient de Norvégiens et de Danois, mais ce mot de Northmen est en réalité l'ancien nom national des Norvégiens. Ils descendaient de la même race primitive que les Anglo-Saxons et les Franks, mais cette antique fraternité ne préservait du pillage ni la Grande-Bretagne ni les tribus germaniques. D'ailleurs, les hommes du Nord, fidèles au culte d'Odin, portaient une sorte de haine religieuse aux Teutons méridionaux convertis au christianisme ; de sorte que le fanatisme s'alliait chez eux à l'avidité et à la fougue du tempérament. Aussi aimaient-ils à dévaliser les églises, à tuer les prêtres, à faire coucher leurs chevaux dans les chapelles, et, lorsqu'ils venaient de mettre à feu et à sang quelque portion du territoire catholique, ils s'écriaient ironiquement : « Nous leur avons chanté la messe des lances, elle a commencé de grand matin et elle a duré jusqu'à la nuit. »

Les soldats de chaque flotte de barques obéissaient à un roi de mer (*Kong*), dont le vaisseau se distinguait des autres par son ornementation, et qui commandait aussi les pirates après le débarquement. Le Kong était toujours suivi et écouté, parce qu'il était le plus brave de tous les braves, parce qu'il savait gouverner le vaisseau « comme un bon cavalier manie son cheval », parce qu'enfin il connaissait le sens des runes gravées sur les armes ou sur la poupe et les rames des vaisseaux. Hors du combat et loin de la mer, il redevenait l'égal de ses hommes. Ceux-ci, méprisant les tempêtes, poursuivaient en chantant leurs ennemis sur la *route des cygnes* ; ou bien ils guettaient leur proie dans les détroits, les baies et les petits mouillages, ce qui leur fit donner le surnom de *Vikings* (enfants des anses) [1]. Un des rois de mer les plus célèbres est ce Ragnar-Lodbrog qui, enfermé, dans un cachot rempli de serpents et de vipères, entonna au moment d'expirer le « chant de mort » dont voici la traduction :

« Nous avons frappé de nos épées, dans le temps

[1] Augustin Thierry, *Conquête de l'Angleterre*, liv. II (Garnier frères).

où, jeune encore, j'allais vers l'orient du Sund apprêter un repas sanglant aux bêtes carnassières, et dans ce grand combat où j'envoyai en foule au palais d'Odin le peuple de Helsinghie. De là, nos vaisseaux nous portèrent à l'embouchure de la Vistule, où nos lances entamèrent les cuirasses, et où nos épées rompirent les boucliers.

« Nous avons frappé de nos épées, le jour où j'ai vu des centaines d'hommes couchés sur le sable, près d'un promontoire d'Angleterre ; une rosée de sang dégouttait des épées ; les flèches sifflaient en allant chercher les casques ; c'était pour moi un plaisir égal à celui de tenir une belle fille à mes côtés.

« Nous avons frappé de nos épées, le jour où j'abattis ce jeune homme, si fier de sa chevelure, qui dès le matin poursuivait les jeunes filles et cherchait l'entretien des veuves. Quel est le sort d'un homme brave, si ce n'est de tomber des premiers? Celui qui n'est jamais blessé mène une vie ennuyeuse, et il faut que l'homme attaque l'homme ou lui résiste au jeu des combats.

« Nous avons frappé de nos épées ; maintenant j'éprouve que les hommes sont esclaves du destin et obéissent aux décrets des fées qui président à à leur naissance. Quand je lançai en mer mes vaisseaux pour aller rassasier les loups, je ne croyais pas que cette course dût me conduire à la fin de ma vie. Mais je me réjouis en songeant qu'une place m'est réservée dans les salles d'Odin, et que là bientôt, assis au grand banquet, nous boirons la bière à pleins bords dans les coupes de corne.

« Nous avons frappé de nos épées. Si les fils d'Aslauga savaient les angoisses que j'éprouve, s'ils savaient que des serpents venimeux m'enlacent et me couvrent de morsures, ils tressailliraient tous et voudraient courir au combat ; car la mère que je leur laisse leur a donné des cœurs vaillants. Une vipère m'ouvre la poitrine et pénètre vers mon cœur : je suis vaincu ; mais bientôt, j'espère, la lance d'un de mes fils traversera le cœur d'OEIla.

« Nous avons frappé de nos épées dans cinquante et un combats ; je doute qu'il y ait parmi les hommes un roi plus fameux que moi. Dès ma jeunesse, j'ai appris à ensanglanter le fer ; et il ne faut pas pleurer la mort, il est temps de finir. Envoyés vers moi par Odin, les déesses m'appellent et m'invitent ; je vais, assis aux premières places, boire la bière avec les dieux. Les heures de ma vie s'écoulent ; c'est en riant que je mourrai. »

III. — Louis le Débonnaire (814-840) avait envoyé des missionnaires en Danemark, dans l'espoir que la propagation du christianisme contribuerait à adoucir les mœurs et les habitudes farouches des Vikings. Les missionnaires prêchèrent tout d'abord dans le désert. Ce fut seulement en 827 que le moine Ansgaire s'établit dans le Jylland méridional, où il fonda des écoles, racheta des serfs, et obtint un certain nombre de conversions. L'Empereur consentit alors à instituer un évêché à Hambourg, et depuis ce temps, grâce au zèle des missionnaires, grâce aux rapports constants du Danemark avec les peuples chrétiens, le catholicisme se propagea rapidement sans entraîner de luttes violentes. La vieille religion scandinave reçut un coup mortel lorsque Canut II *le Grand*, un des monarques danois les plus remarquables, embrassa les croyances romaines.

Canut avait suivi son père Suénon à la conquête de l'Angleterre. A la mort de Suénon, il eut à combattre Edmund *Côte-de-Fer* avec lequel il partagea la souveraineté jusqu'en 1017. A cette époque le roi Saxon mourut, et Canut, resté seul, chercha à se concilier l'affection de ses nouveaux sujets. Il se fit chrétien, épousa Emma, veuve du roi Ethelred II, rétablit les anciennes lois, confia aux nationaux les principales charges et assura la tranquillité des côtes. Son frère Harold étant mort en 1018, il réunit sur sa tête les couronnes d'Angleterre et de Danemark et conquit ensuite la Norvège, dont il donna la couronne à son fils naturel Suénon (1030), lequel opprima tellement ses sujets, que ceux-ci le chassèrent en 1036 et recouvrèrent leur indépendance jusqu'en 1397. Il favorisa la propagation du christianisme dans ses États, donna des encouragements à l'agriculture et à l'industrie, conclut un traité d'amitié et de commerce avec Conrad, II qui lui abandonna le margraviat de Schleswig, fit un pèlerinage à Rome et bâtit beaucoup d'églises et de monastères. Mais le grand empire qu'il avait fondé ne lui survécut guère. En 1042, l'Angleterre fit retour à la dynastie Saxonne, et la couronne de Danemark échut au roi des Norvégiens jusqu'à ce que Suénon II fondât la dynastie danoise des Estrithides (1043), qui ne s'éteignit qu'en 1448. Les successeurs de Suénon ont peu de titres à la reconnaissance de la postérité ; ils gouvernèrent mal leurs États, établirent des dîmes, se montrèrent souvent injustes et excitèrent par leur sévérité une révolte des paysans du Jylland. Quand Waldemar *le Grand* monta sur le trône en 1157, le pays était en proie à l'anarchie et à la guerre civile. Secondé par l'évêque Absalon, Waldemar sut administrer son royaume avec sagesse ; il publia la *loi de Skanie* et la *loi de Sjalland* ; il attaqua les Vendes de la Baltique, auxquels il imposa la paix et le christianisme ; il prit Stettin et Julin ; il se fit craindre des Courlandais et des Esthoniens, et il refusa de reconnaître comme suzerain l'empereur d'Allemagne Frédérik Barberousse. Son fils Canut VI (1182-1202) soumit les Poméraniens de l'ouest, obligea les pirates Livoniens et Esthoniens à embrasser la foi catholique, et, après avoir triomphé du Mecklembourg, du Holstein, de Hambourg, de Lübeck, excités contre lui par Barberousse, il prit le titre de roi des Slaves et des Vandales. Waldemar II (1202-1241) fut, malgré son surnom de *Victorieux*, peu favorisé de la fortune dans les guerres qu'il entreprit ; seulement, il gouverna avec tant de prudence, que le Danemark arriva à un état de bien-être dont Arnold de Lübeck, chroniqueur allemand, fait un éloge d'autant plus sincère qu'il vient d'un ennemi. « La pêche annuelle que font les Danois sur les côtes de la Skanie, leur procure en abondance des biens de toutes sortes ; les marchands des contrées voisines apportent chez eux de l'or, de l'argent et d'autres objets précieux, qu'ils cèdent pour des harengs, que Dieu donne gratuitement aux pêcheurs. Aussi les vêtements ne sont-ils pas faits seulement de fourrures bordées d'écarlate, mais encore de pourpre et de lin. Les fertiles pâturages du Danemark nourrissent des chevaux magnifiques. » La pêche du hareng était très productive, les forêts riches en gibier et en bois de construction. La vie intellectuelle se développait aussi et les jeunes gens fréquentaient les universités étrangères. « Ce n'est pas seulement le clergé, dit encore Arnold, qui va à Paris ; les nobles y envoient aussi leurs fils pour s'y instruire. Les Danois se distinguent par leur habileté dans la discussion, par la facilité avec laquelle ils s'approprient les langues étrangères et par leur connaissance approfondie du droit canon. » Waldemar promulga enfin le *Code du Jylland*, monument législatif d'une grande valeur.

A mesure que les rois soutinrent *manu militari* les intérêts du clergé, il s'établit en Danemark des distinctions sociales inconnues auparavant. La population païenne était animée de sentiments égalitaires ; tous ses membres étaient libres, puisque les serfs ne se recrutaient que parmi les étrangers. Les marins, qui possédaient l'argent, les paysans, qui possédaient le sol, jouissaient des mêmes droits, et c'était le plus fort, le plus téméraire que ses égaux choisissaient pour chef. Bientôt, les rois exposés à l'inconstance de leurs sujets, songèrent à s'appuyer sur une noblesse dévouée à leur service : pour faire partie de cette noblesse, il ne fallut qu'être propriétaire : on donna sa terre au roi, qui la restitua avec des privilèges et des titres. A côté de cette aristocratie laïque se forma une aristocratie cléricale, qui mit ses immenses biens au service des seigneurs et concourut avec eux à asservir la nation. Comme les paysans les plus influents et les plus riches étaient sortis de leur condition en se faisant anoblir, les habitants des campagnes auxquels se mêlèrent d'anciens serfs affranchis, perdirent tout leur prestige, et les citadins se crurent supérieurs aux cultivateurs. La société scandinave se trouva donc divisée en quatre ordres bien distincts : le clergé, la noblesse, la bourgeoisie et les paysans.

Dans le principe, les deux premières classes jugèrent prudent d'agir avec réserve. Les rois continuèrent à être élus dans les assemblées populaires. Celles-ci ne tardèrent pas à être remplacées par des diètes restreintes, où les nobles furent admis en masse, tandis que les bourgeois et les paysans étaient représentés par des délégués. Déjà l'équilibre était donc rompu, et, au XIIe siècle, les rois ne prirent plus la peine de consulter le Thing : leur élection devint une vaine formalité ; ils gouvernèrent l'État à l'aide d'un sénat docile, composé de quelques grands seigneurs et de quelques prélats. Les paysans non anoblis passèrent sous le joug de ceux dont ils avaient été les égaux ; accablés de corvées, ils durent vendre leurs terres pour payer les impôts et devenir les fermiers de leurs propres biens ; bien plus, en 1410, ils furent tous proclamés serfs. Ce nouvel état social souleva des divisions intestines, à la faveur desquelles des seigneurs allemands s'introduisirent dans le Danemark : le roi payait leurs services en biens-fonds, et lorsque Christophe II mourut, en 1333, il ne possédait rien en propre du sol danois. C'était le tour de la royauté d'être maintenant dépendante des seigneurs.

De 1333 à 1340, il se produisit un interrègne pendant lequel les Allemands acquirent une influence de plus en plus considérable. Waldemar IV ne put que difficilement ranimer l'esprit national et il fallut pour éviter une décadence probable l'énergie et le talent de Marguerite de Waldemar, la Sémiramis du Nord. Nommée régente de Danemark et de Norvège après la mort de son père et celle de son mari, elle conquit la Suède par force et par adresse, et vainquit à Falköping Albert de Mecklembourg (1387). Dix ans plus tard, elle consacra par l'Union de Kalmar la fédération des trois États Scandinaves. Chaque royaume, tout en relevant du même sceptre, conserva sa législation particulière et fut administré par des nationaux. Ce furent des rois d'origine allemande qui succédèrent à cette femme supérieure, dont ils ne surent pas continuer l'œuvre.

Marguerite avait donné le Schleswig en fief au comte de Holstein. Erik le Poméranien voulut recouvrer cette province, et il prodigua à ce point le sang de ses sujets que les Suédois se détachèrent de l'Union pour la première fois. A la mort du dernier comte de Holstein, Christian Ier, fondateur de la dynastie d'Oldenbourg (1448-1481), reprit le Schleswig comme fief danois, et acheta en outre le Holstein à des conditions si onéreuses que les Suédois, dont il avait reçu la soumission, se détachèrent du Danemark pour la seconde fois. Enfin, le roi Jean (1481-1513) ayant voulu soutenir ses prétentions comme duc d'Holstein, essuya une sanglante défaite. Jean eut pour fils le fameux Christian II (1513-1523), homme féroce, violent, opiniâtre et emporté, qui pour imposer sa domination à la Suède, eut recours aux plus horribles cruautés. Christian, « monstre formé de vices sans aucune vertu », accomplit cependant quelques réformes utiles : il établit des écoles ; il délivra le commerce du joug allemand ; il régularisa le tarif des douanes et institua la poste ; il s'appuya sur les paysans contre la noblesse en créant les fermes viagères et en abolissant la coutume barbare de *vendre les pauvres paysans comme du bétail* ; très sévère pour les seigneurs, il fit condamner à mort par un conseil de paysans Torben Oxe, grand seigneur que ses pairs n'avaient pas voulu condamner.

« Indignés, émus, craignant tout, prêtres et nobles se levèrent contre lui, tandis que la Suède tout entière se ralliait à Gustave Vasa. Les villes hanséatiques, qui prétendaient maintenir leur influence commerciale, déclarèrent la guerre à Christian ; et son oncle paternel Frédérik accepta la couronne de Danemark qu'on lui offrait. Le roi détrôné s'enfuit auprès de son beau-frère Charles-Quint. Quelque temps après, il essaya de reprendre le pouvoir, mais il fut fait prisonnier et sa captivité dura jusqu'à sa mort, qui n'arriva que vingt-sept ans après. On brûla les statuts qu'il avait rédigés ; on les disait contraires aux anciennes coutumes et aux mœurs du pays. Ces institutions nouvelles n'avaient pas eu le temps de s'affermir ; elles paraissaient exagérées ; l'ancien régime se révolta contre le nouveau et elles furent détruites ; ce n'est qu'après plusieurs siècles qu'elles purent s'établir et régner à leur tour. La chute de la noblesse et l'établissement du pouvoir royal absolu n'eurent lieu qu'en 1660. On brûla les sorcières jusqu'à la fin du XVIIe siècle, comme en France. Les paysans ne furent émancipés qu'en 1788, et l'enseignement ne devint populaire qu'en 1814. Frédérik Ier et Gustave Vasa furent élus rois la même année (1523), l'un de Danemark et de Norvège, l'autre de Suède. Ce fut la dernière dissolution de l'Union de Kalmar. La Norvège resta unie au Danemark jusqu'en 1814, époque où elle en fut détachée par la violence étrangère[1]. » Après la chute de Christian, le Rigsrad, composé de la noblesse et du haut clergé, devint tout-puissant : on lui confia l'élection des rois, la rédaction des capitulations, le jugement des différends entre le roi et la noblesse. Le servage fut rétabli complètement, les propriétaires fonciers payèrent des taxes vexatoires, le seigneur régna dans son fief, la noblesse en un mot s'empara de tout le pouvoir par des usurpations successives.

IV. — Les prélats, sortis des rangs de l'aristocratie, s'étaient toujours trouvés d'accord avec elle pour opprimer les ordres inférieurs. Les nobles et clercs, arrivés à l'apogée de leur puissance après la déchéance de Christian, se montrèrent si arrogants et si absolus, que la royauté s'en trouva offensée et qu'à la lutte des grands contre les roturiers succéda la lutte du trône contre l'autel, c'est-à-dire contre les auxiliaires des nobles. La noblesse entière, que Christian avait tenté d'écraser, crut qu'en adoptant la Réformation, elle enlèverait tout espoir de retour au monarque déchu, représentant du principe catholique en Danemark. Elle se convertit donc au luthéranisme, et Frédérik Ier lui-même adopta la religion nouvelle. Deux ans après (1527), les États généraux d'Odense, dans l'île de Fyen, décrétèrent la liberté de conscience, soumirent les évêques au tribunal du roi et brisèrent les liens qui unissaient le clergé au Vatican ; Frédérik

[1] Lamarre et Berendzen, *Aperçu de l'histoire du Danemark*, (Delagrave.)

approuva ensuite à la diète de Copenhague la profession de foi des réformateurs danois. Les prêtres, relégués dans les églises, perdirent toute influence politique et la plupart de leurs richesses ; les nobles abandonnèrent les charges ecclésiastiques à la bourgeoisie ; en cela, ils furent maladroits, puisqu'ils se privaient du concours d'un allié dont les masses subissaient encore l'ascendant.

Cependant les paysans et les habitants des villes, froissés et irrités des prérogatives de l'aristocratie, regrettaient autant que les catholiques le tyran déposé en 1523. Celui-ci jugea le moment favorable pour reconquérir sa couronne. Il associa sa cause à celle de la religion romaine, équipa une flotte avec l'assistance de Charles-Quint et débarqua à Opslo. Les Norvégiens, ennemis de la Réformation, le reçurent avec enthousiasme (1531), mais les Suédois le repoussèrent, et il dut se rendre à son rival, qui le fit enfermer dans le donjon de Sonderborg, où il languit vingt-sept ans. Christian III, fils aîné de Frédérik Ier, ne monta sur le trône qu'après un interrègne de deux ans. Pour achever l'œuvre de son prédécesseur, il convoqua une diète, d'où il exclut les représentants du clergé, et qui déclara, en même temps que la déchéance des évêques, la sécularisation des biens ecclésiastiques au profit des seigneurs. L'Église évangélique fut organisée d'après les conseils de Luther lui-même, et un décret réduisit la Norvège à l'état de simple province de la monarchie danoise. On voit que l'introduction du protestantisme ne donna pas lieu aux guerres civiles qui désolèrent d'autres nations. La tranquillité du pays ne fut pas troublée, et, pendant que les rois et les nobles guerroyaient contre la Suède, le commerce et la navigation firent de remarquables progrès. Quant aux agriculteurs, ils ne cessaient point d'être durement opprimés.

Le roi Frédéric II (1559-1588), quelques années après son avènement, entra en lutte contre la Suède. Un instant suspendues, les hostilités reprirent avec une nouvelle violence et ne furent apaisées que par la médiation de l'Empereur, du roi de France et de l'électeur de Saxe, qui amenèrent les deux royaumes à conclure la paix de Stettin, par laquelle Frédérik reconnut l'indépendance de la Suède (1570). La guerre recommença encore sous Christian IV (1588-1648), qui prit dans la suite une part malheureuse à la guerre de Trente ans, et dont le règne ne fut signalé que par des insuccès. Son fils Frédérik III (1648-1670) déclara une fois de plus la guerre à la Suède : Charles X Gustave, à cette nouvelle, arriva à grandes journées dans le Jylland, passa les détroits sur la glace, arriva en Sjalland et imposa aux Danois le traité de Röskilde, qui lui donna la moitié de la Norvège, le tiers du Danemark, la Skanie, le Halland, le Blekingen, Bornholn et douze vaisseaux de guerre. Les ducs de Holstein-Gottorp et leurs descendants mâles étaient déclarés indépendants de la couronne danoise. Non content de tous ces avantages, Charles-Gustave débarqua brusquement devant Copenhague, dont il espérait s'emparer par un hardi coup de main. Il se trompait. Ses troupes n'essuyèrent à vrai dire que des échecs, et les Hollandais craignant que la Suède ne s'emparât des deux bords du Sund, envoyèrent leur flotte contre les vaisseaux assiégeants. Mais, malgré la belle conduite des Sjallandais, la diplomatie européenne fit en sorte que la paix de Copenhague confirmât, avec l'indépendance des ducs de Gottorp, la cession de la Skanie, du Halland et du Blekingen (1660).

V. — A mesure que la noblesse était devenue plus isolée, autant par sa rupture avec le clergé catholique que par la haine qu'elle inspirait aux ordres inférieurs, elle s'était montrée plus bravache et plus audacieuse. Les masses lui attribuèrent donc les désastres de 1658 et s'enthousiasmèrent pour le roi, qui s'était courageusement conduit l'année suivante; les esprits s'émurent contre les seigneurs, tandis que Frédérik gagna l'entière affection du peuple. Une diète fut convoquée à Copenhague ; le grand maître Gersdorf en fit l'ouverture le 10 septembre 1660 et démontra « qu'il fallait, dans le plus bref délai, payer et licencier les mercenaires, logés chez les bourgeois et les paysans, et devenus d'autant plus insupportables qu'ils étaient inutiles ; qu'il fallait reconstruire ou réparer les forteresses qui étaient endommagées ou démolies, réorganiser l'armée et recomposer une flotte, à moins de voir se renouveler les tristes scènes des deux années précédentes. On ne pouvait remédier à rien sans argent, et comment en demander à l'agricultue et au commerce, également épuisés ? » Le discours du grand maître était assurément juste et sensé; mais la noblesse fut convaincue dès lors que le roi avait pris la résolution de s'appuyer sur les roturiers. Elle défendit donc rigoureusement ses privilèges et ne consentit que par exception à l'établissement provisoire d'une taxe sur les consommations, dont elle ne serait passible qu'en ville, en dehors de ses manoirs ; puis elle attaqua violemment la cour. Les prêtres et les bourgeois, comptant sur l'appui de la royauté, déclarèrent catégoriquement qu'ils ne se soumettraient jamais à une obligation ou à un impôt qui ne frapperaient pas également l'aristocratie. Il était évident qu'une évolution importante s'était tacitement opérée dans l'opinion publique. Le premier ordre, abandonné par le trône, fut surtout exaspéré lorsque Jean Svane et Jean Nansen proposèrent « que les biens de la couronne, au lieu d'être donnés à la noblesse pour des redevances insignifiantes, fussent affermés au plus offrant et dernier enchérisseur » ; ils soutenaient « que, dans l'esprit des donateurs, les revenus de ces domaines, destinés à augmenter les ressources de l'État, devaient diminuer d'autant les sacrifices imposés aux contribuables ». La noblesse eut beau crier à la spoliation, les orateurs maintinrent leur motion avec hauteur. Bien plus, Svane réunit chez lui les hommes les plus passionnés et les plus influents de la bourgeoisie et du clergé pour les exciter à la révolte, et il se mit avec Nansen à la tête d'une députation qui alla supplier le roi de tenir tête aux injustes prétentions des aristocrates. Quant tout fut préparé, les clercs et les bourgeois proposèrent aux nobles de déclarer la couronne *héréditaire* : les oppresseurs effrayés délièrent le monarque des engagements pris dans la capitulation royale et renoncèrent à défendre l'*électivité* de la couronne, principe qui avait été si favorable aux progrès de leurs usurpations. Ces hommes lâches et pusillanimes, se jugeant trop faibles pour résister au peuple, vinrent aussitôt après se courber devant le souverain, dans l'espoir de conserver par la bassesse une partie des privilèges qu'ils avaient dus si longtemps à la force.

Frédérik III devenu brusquement le maître absolu de la nation danoise, accorda à la noblesse une charte constitutive, maintint les bourgeois dans la plupart de leurs prérogatives, proclama son autorité sur les ecclésiastiques, et ne songea point à améliorer le sort des paysans. Il s'engagea à suivre la religion protestante, à résider dans son royaume et à respecter l'intégrité du Danemark. Aidé du comte de Griffenfeld, il rédigea la Loi royale (*Lex regia*), dont nous citerons les dispositions principales :

« Les rois héréditaires de Danemark et deNorvège seront et devront être regardés par tous leurs sujets comme les seuls chefs suprêmes qu'ils aient sur la terre. Ils seront au-dessus de toutes les lois humaines, et ne reconnaîtront, dans les affaires ecclésiastiques et civiles, d'autre juge ou supérieur que Dieu seul. — Il n'y aura donc que le roi qui jouira du droit suprême de faire et d'interpréter les lois, de les abroger, d'y ajouter ou d'y déroger. Il pourra aussi abolir les lois que lui-même ou ses prédécesseurs auront prescrites (la loi royale exceptée), et accorder des exemptions à tous ceux qu'il jugera à propos de dispenser de l'obligation d'obéir aux lois. — De même, il n'y aura que le roi qui aura le pouvoir suprême de donner et d'ôter les emplois, selon son bon plaisir, de nommer les ministres et officiers grands et petits, sous quelque nom ou titre qu'ils soient employés au service de l'Etat, de sorte que toutes les dignités et tous les offices, de quelque ordre qu'ils soient, tireront leur origine du pouvoir suprême du prince comme de leur source. — C'est au roi seul qu'appartient le droit de disposer des forces et des places du royaume. Il aura seul le droit de faire la guerre avec qui et quand il trouvera bon, de faire des traités, d'imposer des tributs et de lever des contributions de toute espèce. — Le roi aura la juridiction suprême sur tous les ecclésiastiques de ses États, de quelque rang qu'ils soient. C'est à lui de déterminer et de régler les rites et les cérémonies du service divin, de convoquer les conciles et les synodes, assemblés pour régler les affaires de religion, et d'en terminer les sessions; en un mot, le roi réunira seul dans sa personne tous les droits éminents royaux et de la souveraineté, quelque nom qu'ils puissent avoir, et il les exercera en vertu de sa propre autorité, etc. etc. »

Ce monument de despotisme, complété en 1665 et déposé parmi les joyaux de la couronne, fut rendu public lors du couronnement de Christian V (1670-1699). Celui-ci seconda les efforts de son ministre Griffenfeld, réforma l'administration civile et militaire, créa l'ordre de chevalerie du Danebrog, institua une nouvelle noblesse titrée et une bourgeoisie privilégiée. Il fit la guerre à la Suède, conquit la Skanie, remporta des succès sur mer, mais fut obligé par Louis XIV, allié de ses adversaires, à restituer sa conquête. Frédérik IV (1699-1730), forcé d'abord par Charles XII de signer la paix de Travendal, renouvela la lutte contre la Suède en 1709, et obtint enfin par la paix de Frederiksborg de sérieux avantages, tels que la réunion du duché de Gottorp à la partie royale du Schleswig. L'instruction fut réorganisée et l'industrie prit un grand essor sous Christian VI, et sous Frédérik V l'influence de la France commença à réagir contre la prépondérance de l'élément germanique.

Christian VII, monté sur le trône en 1766, donna toute sa confiance au médecin Struensée, matérialiste convaincu, disciple des philosophes français et novateur absolutiste. Les réformes libérales de ce ministre, qui avait renversé Bernstorff et supprimé le Conseil d'État pour gouverner seul, mécontentèrent les grands et la reine douairière : Struensée fut décapité, bien qu'il n'eût commis, à proprement parler, aucun des crimes dont on l'accusa (1772). Après son supplice, Guldberg, qui gouverna jusqu'en 1784, se montra ennemi déclaré de toute réforme; sous son administration le Danemark fut garanti dans la possession du Holstein en cédant à la Russie les comtés d'Oldenbourg et de Delmenhorst et il entra dans *la ligue de neutralité armée*. Dès 1784, le prince royal déclaré majeur[1] congédia Guldberg et appela Bernstorff le jeune; à la suite d'une courte guerre contre la Suède, il maintint la neutralité du Danemark pendant les guerres de la Révolution, aussi put-il accomplir de sages réformes. Il émancipa les paysans, il abolit le servage, il modifia la corvée et la dîme, il autorisa l'importation des blés, il permit aux israélites d'entrer dans les corporations, il défendit la traite des nègres. Après la mort de Bernstorff, il entra dans une nouvelle ligue des neutres, ce dont les Anglais le firent repentir en

[1] Christian VII était devenu fou à la suite de la conspiration qui amena la chute de Struensée : il laissa le pouvoir à sa mère.

venant attaquer Copenhague (1802). Plus tard une nouvelle flotte britannique vint bombarder et presque réduire en cendres la capitale d'un État dont le seul crime était d'entretenir de bons rapports avec la France (1807). Frédérik VI, prince régent, succéda comme roi à son père l'année suivante, et, devenu l'allié intime de Napoléon Ier, eut à combattre l'Angleterre et la Suède, qui convoitait la Norvège. Le czar avait déclaré qu'il ne remettrait pas l'épée au fourreau avant d'avoir puni les destructeurs de Copenhague ; mais, en 1812, il promit la Norvège au prince royal de Suède Charles-Jean (Bernadotte), pour obtenir son alliance contre l'empire français, et, après la bataille de Leipsick, Charles-Jean, pénétrant en Holstein à la tête d'une armée, obligea Frédérik VI à accepter la prix de Kiel : la Norvège devint suédoise (1814) et le Danemark ne reçut en compensation que le duché de Lauenbourg.

VI. — La situation du Danemark était donc fort compromise au commencement du XIXe siècle. L'État avait fait banqueroute en 1813 ; la flotte n'existait pour ainsi dire plus ; l'agriculture, l'industrie et le commerce étaient ruinés. Le roi eut du moins le mérite de faire les efforts les plus louables pour améliorer le sort de sa patrie. Il développa l'enseignement primaire, il rendit la Banque nationale, il favorisa les classes populaires, il établit des États provinciaux destinés à donner leur avis sur les questions d'intérêt civil et financier. Il mourut en 1839, et son fils Christian VIII (1839-1848) accomplit de sages réformes.

Frédérik VII, en présence du contre-coup des journées de février, annonça son intention d'octroyer aux Danois une constitution [1], applicable à toute la monarchie, y compris les duchés de Holstein et de Lauenbourg, par lesquels le Danemark faisait partie de la Confédération germanique et dont la population était en majorité allemande. Les Holsteinois soutenus par la Prusse, se soulevèrent en 1848. Après quelques hostilités, un armistice fut conclu à Malmö. La guerre recommença le 3 avril 1849 : les Prussiens et les troupes ducales ayant dû lever le siège de Frédéricia, un nouvel armistice intervint, et le roi de Prusse se déclara neutre, pour ne pas mécontenter le czar, parent du monarque danois; la soumission des duchés ne se fit plus, dès lors, longtemps attendre. Le 8 mai 1852, la France, l'Angleterre, la Russie, l'Autriche, la Prusse, la Suède et le Danemark signèrent le traité de Londres : Christian de Schleswig-Holstein-Glücksbourg fut appelé à succéder à Frédérik VII, qui n'avait pas d'enfants à l'exclusion du duc d'Augustenbourg, lequel renonça à ses prétentions moyennant une compensation pécuniaire ; le Holstein et le Lauenbourg devaient faire partie à la fois de la monarchie danoise et de la Confédération germanique.

En 1863, Frédérik VII ayant annoncé l'intention de donner à toutes les provinces danoises une constitution uniforme, la Diète de Francfort protesta et menaça de faire occuper les duchés par une armée allemande. Le roi mourut la même année, et son successeur Christian IX, qui règne encore, publia le 18 novembre une loi qui incorporait sans

[1] La Charte promulguée le 5 juin 1849 donna au Danemark une constitution parlementaire.

réserve le Schleswig au Danemark, et qui, tout en laissant au Holstein son administration particulière, le plaçait sous la haute direction du ministère danois. La Diète de Francfort se tut en ce qui concernait le Schleswig, dont la population était en majorité danoise et qui ne faisait point partie de la Confédération ; mais elle protesta en faveur du Holstein et du Lauenbourg, qu'elle fit occuper par des troupes saxonnes et hanovriennes, dès que Christian IX eut déclaré qu'il maintiendrait à tout prix la loi du 18 novembre. Comptant sur l'appui des puissances signataires du traité de Londres, celui-ci défendit à l'*armée d'exécution* de franchir la frontière du Schleswig. C'est alors que la Prusse intervint secondée par l'Autriche, qui espérait, en prêtant son concours au roi Guillaume, l'empêcher de s'approprier les duchés et conserver à la guerre un caractère purement fédéral. Sommé d'évacuer le Schleswig, le général Meza, qui commandait les Danois, répondit par un refus (31 janvier 1864), et, dès le lendemain, les armées alliées prirent l'offensive. Les rapides succès de la Prusse et de l'Autriche effrayèrent l'Angleterre, qui proposa à la France une intervention commune en faveur du Danemark. Malheureusement une partie de nos troupes était occupée à la maladroite expédition du Mexique : on se contenta de négocier et de faire signer un armistice aux belligérants. Dans la conférence qui s'ouvrit alors à Londres, la Prusse réclama la cession pure et simple du Holstein, du Lauenbourg et du Schleswig ; comme en 1871, M. de Bismark abusait de ses avantages ! L'armistice fut dénoncé, les hostilités recommencèrent, et les Danois n'abandonnèrent leurs positions que pied à pied. Enfin, le nombre l'emporta: le traité de Vienne (30 octobre 1864) trancha la question des duchés au profit du plus fort. Mais alors les cabinets de Vienne et de Berlin, ligués pour l'oppression, se trouvèrent désunis lorsqu'il fallut partager les dépouilles. Le Danemark avait tenu six mois : l'Autriche tint juste quelques semaines et subit à son tour les conditions que son ancienne alliée se plut à lui imposer. Grâce au plénipotentiaire de la France, on inscrivit dans la paix de Prague (24 août 1866) un article en vertu duquel les districts septentrionaux du Schleswig seraient rendus à leur première nationalité s'ils le déclaraient par la voix du suffrage universel. Est-il besoin de dire que cette clause n'a jamais été observée par la Prusse, bien que les intéressés, par l'organe de leur représentant à la Diète allemande, aient appelé à plusieurs reprises l'attention du gouvernement sur ses engagements d'autrefois? Deux cent mille Danois supportent à contre-cœur le despotisme germanique, parce que la rive orientale du Petit-Belt renferme d'importantes positions stratégiques. Or chacun sait que M. de Bismark est avant tout un admirateur passionné de la guerre et de ses barbares conséquences, à une époque où tout le monde commence à comprendre les avantages de la paix.

Christian IX, roi de Danemark, a épousé, le 26 mai 1842, la princesse Julie, fille de Guillaume, landgrave de la Hesse électorale. Le prince royal, en demandant la main de Louise-Joséphine-Eugénie, fille du feu roi Charles XV, a montré à l'Europe que le Danemark et la Suède avaient oublié leurs vieilles rivalités. Christian IX est aussi le beau-père du prince de Galles, du czar Alexandre III, du roi des Hellènes ; mais il ne doit compter ni sur l'Angleterre, intéressée et égoïste, ni sur la Russie préoccuppée de sa situation intérieure, ni sur la Grèce trop faible pour prendre une part efficace aux décisions des puissances. Son salut, nous l'avons dit déjà, est attaché au triomphe du Panscandinavisme, c'est-à-dire à la fédération des trois États du Nord.

CHAPITRE IV

ORGANISATION DES POUVOIRS. — DIVISIONS ADMINISTRATIVES

Constitution du 28 juillet 1866. — Pouvoir exécutif : le roi et ses ministres. — Le Statsraadet. — Pouvoir législatif : le Rigsdag (Landsthing et Folketing). — Pouvoir judiciaire. — Divisions administratives : amter et herreder.

La constitution actuelle du Danemark, établie par la charte du 5 juin 1849, fut modifiée partiellement en 1855, puis en 1863, et revisée enfin par le statut du 28 juillet 1866.

Aux termes de cette constitution, le pouvoir exécutif appartient au roi et à ses ministres. Ceux-ci, dont la réunion constitue le *Statsraadet* (Conseil d'État) sont au nombre de six (finances, affaires étrangères, intérieur, instruction publique et cultes, justice et Islande, guerre et marine). Ils sont responsables, et, en cas d'accusation, le roi ne peut, s'ils sont reconnus coupables, les gràcier sans le consentement du Folkething.

Le pouvoir législatif est exercé par le *Rigsdag*, qui se compose de deux chambres : le *Landsthing* (Sénat) et le *Folkething* (Chambre des communes). Le Landsthing comprend soixante-six membres. Douze sont nommés à vie par le roi, qui les choisit parmi les anciens membres ou les membres actuels du Folkething; les cinquante-quatre autres sont élus pour huit ans par un collège électoral, comprenant les plus forts contribuables et les délégués de la totalité des citoyens.

Le Folkething a cent deux membres, élus directement pour trois ans par les citoyens âgés de trente ans, résidant depuis un an dans la commune et non secourus. On sait qu'il existe en Danemark (c'est le seul pays d'Europe où il en soit ainsi) une taxe destinée à secourir les malheureux. Les lois de finances sont d'abord examinées par les élus du suffrage universel, qui, comme les membres de la Chambre haute, touchent une indemnité d'environ neuf francs par jour.

Tous les quatre ans, le Landsthing choisit dans son sein les quatre juges assistants du *Hoïesteret*, tribunal suprême, qui connaît seul des accusations parlementaires.

L'Islande jouit d'une constitution particulière, dont nous dirons quelques mots plus loin.

Le pouvoir judiciaire est organisé en trois instances, tant au civil qu'au criminel. Il y a dix-huit tribunaux de première instance, et deux cours d'appel, à Copenhague et à Viborg. Les juges sont à la nomination du roi.

La procédure civile se fait publiquement et par débats contradictoires. Les avocats sont en même temps avoués, et les avocats au Hoïesteret (tribunal parlementaire) ont seuls la faculté de plaider devant toutes les juridictions.

Administrativement, le Danemark est divisé en dix-neuf bailliages (*amter*), à la tête de chacun desquels se trouve un bailli ou *amtmand*, assisté d'un conseil de bailliage (*amtsraad*).

Église Notre-Dame à Copenhague.

Sjalland et Möen............	Copenhague (ville). — (campagne). Frederiksborg. Holbœck. Sorö. Prœstö.
Bornholm..................	Bornholm.
Laaland et Falster...........	Maribo.
Fyen et îles voisines.........	Odense. Svenborg.
Jylland....................	Hjörring. Thisted. Aalborg. Viborg. Randers. Aarhus. Vejle. Ringkjöbing. Ribe.

Ces dix-neuf bailliages comprennent cent trente-six arrondissements (*herreder*), administrés par des fonctionnaires qu'on peut assimiler à nos sous-préfets (*herredsfoged*). Enfin, les arrondissements sont subdivisés en communes, et les affaires des communes sont dirigées par des conseils municipaux. Il convient de signaler l'ancienne division du pays en sept diocèses, dont quatre pour le Jylland et trois pour les îles : Sjalland, Laaland et Falster, Fyen, Aalborg, Viborg, Aarhus, Ribe.

CHAPITRE V

LES FINANCES ET L'AGRICULTURE

Etat et accroissement de la fortune publique. — Dette du Danemark. — Budget. — Impôt foncier. — L'agriculture, son état prospère. — Produits agricoles. — Fabrication du beurre — Les paysans danois. — mœurs et coutumes.

D'après les statistiques officielles, l'ensemble des richesses du Danemark est évalué de 5 à 7 millions et demi, soit de 3,000 à 3,750 francs par tête. L'accroissement moyen annuel de la fortune publique est d'environ 120 millions, et l'épargne s'élève en moyenne à 160 francs par habitant. La dette, qui, en 1866, dépassait 364 millions, était, dès 1877, réduite à 244 millions.

Comme en France, les projets de lois de finances sont d'abord discutés à la Chambre issue du suffrage universel. Dans le projet de budget présenté au Folkething pour l'année finissant le 31 mars 1878, les dépenses étaient évaluées à 65,373,100 francs, les recettes à 67,320,333 francs. Voici d'ailleurs le détail de ces recettes et de ces dépenses :

DÉPENSES

	FRANCS
Liste civile et apanages	2.019.562
Diète (Rigsdag)	280.000
Conseil d'État	132.462
Dette publique	17.635.425
Pensions civiles et militaires	4.806.325
Affaires étrangères	536.917
Cultes, Instruction	1.305.777
Justice	3.164.580
Intérieur	2.111.516
Guerre	12.030.546
Marine	6.684.723
Finances	4.144.991
Administration de l'Islande	152.880
Travaux publics	5.205.970
Dépenses extraordinaires	4.068.410
Avances, subventions	1.093.016
	65.373.100

RECETTES

Domaines, forêts	2.428.051
Actif de l'État	6.768.292
Impôts directs	11.739.070
Impôts indirects	41.015.800
Postes	531.917
Télégraphes	29.372
Loterie	1.190.000
Recettes du Fä-röer	55.318
— des Indes danoises	35.000
— diverses	1.662.881
Remboursements, etc	1.864.632
	67.320.333

Au point de vue de l'impôt, les terres sont classées en *tonnes de blé dur*, et les paysans répartis en trois catégories :

Ceux dont la terre acquitte un impôt de plus d'une tonne ou *gaardmœnd;*

Ceux qui ont seulement une maison et qui payent un impôt inférieur à une tonne, ou *huusmœnd ;*

Ceux qui demeurent chez autrui ou *inderster*.

L'agriculture danoise fait vivre les trois cinquièmes de la population. Elle est dans une situation très prospère, surtout depuis l'abolition des droits d'entrée des céréales importées en Angleterre. Les bois occupent 4,3 pour cent de la surface du pays ; les landes, marais, cours d'eau, 25 pour cent ; les prairies et les jachères, 38,7 pour cent ; les céréales et les plantes légumineuses ou industrielles, 31,7 pour cent. Sur 45,000 kilomètres carrés, 30,000 consistent en terres labourables. Le Danemark est donc un pays très fertile.

Le seigle et l'orge sont plus cultivés que le froment. Toutefois on expédie à l'étranger une assez grande quantité de cette céréale, et d'autre part l'exportation des produits gras alimentaires atteint le chiffre de 40,000,000 de francs, dont 37 millions pour le beurre et 3 millions pour le lard. Les fabriques de sucre, au nombre de deux pour tout le pays, produisent ensemble près de 3,000,000 de kilogrammes. En fait de boissons, les négociants exportent surtout de la bière et de l'eau-de-vie.

On comptait, en 1876, trois millions, neuf cent vingt-trois mille animaux domestiques, savoir :

352,000	chevaux,
1,348,000	bêtes à cornes [1],
1,719,000	moutons,
504,000	porcs.

[1] Toute proportion gardée, le Danemark est le pays d'Europe qui possède le plus de bêtes à cornes. — V. les *Études économiques sur le Danemark*, par M. Eugène TISSERAND.

Le Danemark est rempli d'excellents pâturages. Chaque troupeau de cent cinquante vaches est confié à la garde d'un berger, qui s'abrite dans une cabane montée sur roues et meublée d'un lit, d'un coffre, de deux rayons de sapin où sont rangées des fioles dont le contenu est destiné aux bestiaux malades. Les paysannes ont l'habitude de traire les vaches deux fois par jour Les jattes de lait sont versées dans des cuves, où trempe une pelle à claire-voie, le manche de cette pelle est adapté à une poulie, que deux roues, mues par des chevaux, font tourner rapidement. Au bout d'une demi-heure, on extrait de la cuve des mottes de beurre qui sont aussitôt pétries, purifiées, salées et mises en barils pour l'exportation.

Les maisons des paysans ne sont jamais misérables. Il y en a de trois sortes : celles qui ont une cour entre quatre corps de bâtiments, avec plusieurs chevaux et plusieurs vaches ; celles qui n'ont qu'un corps de bâtiment sur un jardin avec un cheval et une vache ; enfin les maisons sans jardin, ni cour, ni cheval, ni vache, louées par les paysans les plus pauvres.

Les fermes de la première catégorie sont très confortables. On y voit des meubles solides, des poêles où sont suspendues d'énormes pipes, des bassinoires en cuivre toujours bien fourbies, des horloges, des portraits encadrés, des bibles bien reliées, et, aux fenêtres, des pots de fleurs. Ceux qui possèdent des vaches donnent gratuitement du lait à ceux qui n'ont point d'étable.

Les paysans, riches ou pauvres, font cinq repas par jour : à cinq heures du matin, à dix heures, à midi, à cinq heures du soir et à huit heures. A la fin de la journée, on lit quelques versets des Livres saints.

Les mariages durent sept jours. On danse et on mange trois jours avant et trois jours après. A la date fixée pour la cérémonie, les jeunes gens à cheval précèdent les fiancés à l'église. Le pasteur officie, puis la noce revient à la ferme, musique en tête, pour y faire un repas solennel ; mais, auparavant, les époux se placent à l'une des extrémités de la table ; chacun des convives passe devant eux et dépose dans un plat de faïence, recouvert d'une serviette, une pièce d'argent. Le défilé terminé, le mari jette la serviette dans un coffre : l'argent qui s'y trouve forme l'entrée en ménage des époux.

CHAPITRE VI

LE COMMERCE ET L'INDUSTRIE

Importations et exportations. — Commerce intérieur et voies de communication. — Principales industries. — La marine marchande. — La pêche.

Le Danemark trafique principalement avec l'Allemagne, l'Angleterre, la Suède et la Norvège. Le chiffre des importations, qui comprennent surtout les objets manufacturés et les denrées coloniales, s'élève par an à 379 millions ; les exportations (eaux-de-vie, produits agricoles, papiers, draps, bestiaux, etc.), à 239 millions.

Le commerce intérieur est assez actif, grâce aux voies de communication qui existent dans le pays. On compte 6,000 kilomètres de routes, quelques canaux et 1,576 kilomètres de chemins de fer, dont plus de 800 appartiennent à l'État. La ligne principale, qui se relie par celle du Schleswig aux chemins européens, part de Kolding et se subdivise dès l'origine en deux lignes secondaires : l'une passe à Frédéricia, Vejle, Horsens, Skanderborg (embranchement sur Herning par l'Himmelsbjerg), Aarhus, Randers (embranchement sur Viborg, Skive et Vemb), Hobro, Aalborg, Hjörring, Frédérikshavn. La seconde passe à Bramminge (embranchement sur Ribe), Esbjerg, Varde, Skjern, Ringkjöbing, Vemb (embranchement sur Randers), Lemvig. — De Frédéricia, une ligne se dirige sur la Suède au moyen de trois traversées en bateau par Fyen (Odense, Nyborg), puis par Sjalland (Korsör, Slagelse, Sorö, Ringsted, Röskilde et Copenhague). Enfin, des paquebots unissent Copenhague à Gœteborg et Stockholm en Suède ; à Aarhus en Jutland ; à Kiel, à Lübeck et à Stettin en Allemagne. De Lübeck on va à Fehmarn et à Nysted, dans Laaland ; de Kiel à Faaborg, dans Fyen, d'Aarhus à Frédéricia, et à Kallendborg, dans Sjalland.

Les lignes télégraphiques (3,000 kilomètres) sont desservies par cent quatre-vingt-deux bureaux ; le nombre des télégrammes expédiés approche d'un million par an, et la poste transporte chaque année vingt mille lettres et dix-neuf mille journaux. Le système métrique est obligatoire dans tout le royaume depuis le 1er janvier 1880.

Les établissements industriels ne sont pas très nombreux. Les meubles, auxquels on peut reprocher quelque rigidité dans la forme, sont d'une grande solidité et d'un prix très minime. Les porcelaines, la verrerie, les terres cuites sortent de plusieurs fabriques importantes, et l'on a beaucoup remarqué à l'exposition de 1878, dans la section danoise, les ouvrages d'orfèvrerie, les bronzes d'art, les métaux repoussés, la joaillerie, les instruments de précision.

Les industries textiles n'ont jamais atteint un bien grand développement. Parmi les produits indigènes on trouve le lin et la laine, mais la soie comme le coton font complètement défaut. Bien que le Danemark ne produise pas de coton, l'industrie cotonnière y existe quand même : la matière première est importée à l'état de fil. Le tissage est, dans certaines régions, l'objet d'une industrie considérable. Le Jylland, l'Islande, et les Faroër fournissent chaque année une grande quantité de laine un peu grossière, mais servant à fabriquer des draps chauds et solides. Les gants fabriqués en Danemark jouissent d'une certaine réputation.

La constitution géologique du Danemark explique suffisamment pourquoi il ne saurait y avoir dans ce pays d'industrie minière. Le soufre provient de l'Islande ; le Groënland fournit le cryolithe minéral, employé dans la fabrication de la soude, et Bornholm a quelques mines de charbon.

L'industrie mécanique a pris au contraire un grand essor. Le nombre des machines est très considérable, et de 1872 à 1877 il s'est fondé par actions cent huit sociétés industrielles. Le Danemark possède des usines de tous genres, et la première ligne de chemins de fer ouverte à l'exploitation date de 1847.

La marine marchande compte cent soixante-neuf vapeurs, jaugeant 39,478 tonnes, et trois mille trente et un navires à voiles jaugeant 211,165 tonnes. Contrairement à ce qu'on pourrait croire, la pêche ne contribue pas beaucoup à la prospérité générale du pays ; les habitants trouvent plus de sécurité dans la culture des terres fertiles. C'est seulement le long des côtes occidentales, où le sol est improductif, que la pêche constitue un moyen d'existence assuré, car les eaux y sont très poissonneuses. A la bouche du fjord de Ringkjöbing on a pêché en 1862 plus de sept cent mille merlans et vingt-cinq mille morues. Les marins de Bornholm font la pêche du hareng et du saumon. Dans l'île de Fyen, à Middelfart, il existe une corporation de pêcheurs qui, pendant l'hiver, chassent le marsouin, et que la vente de l'huile qu'ils en retirent suffit à faire vivre.

CHAPITRE VII

L'INSTRUCTION PUBLIQUE ET LES CULTES

Enseignements primaire et secondaire — Enseignement supérieur : l'université de Copenhague. — Bibliothèques et sociétés savantes. — Liberté de la presse. — Journaux. — Confessions religieuses.

L'instruction est très développée en Danemark. Aux termes de l'article 85 de la constitution, l'enseignement est donné gratuitement aux enfants qui appartiennent à des familles pauvres, et l'instruction primaire est obligatoire pour les jeunes Danois jusqu'à quatorze ans : des peines sont infligées aux pères de famille négligents. Dans les villes importantes, il y a des écoles spéciales, des écoles dites latines ou savantes, et des gymnases publics, qui sont à la fois des établissements universitaires et des écoles professionnelles.

Tous les villages possèdent leur école primaire, quelques-uns une école secondaire, et l'on peut dire qu'en Danemark tous les habitants savent lire, écrire et compter ; ils ont en outre de leur histoire nationale une connaissance approfondie. Les salles d'asile, très nombreuses, sont réservées aux petits enfants des ouvriers, auxquels on apprend à lire et que l'on soigne gratuitement en cas de maladie.

L'enseignement supérieur est donné à l'université

de Copenhague et dans diverses écoles : *Polytechnick Lærcanstaldt* (pour les ingénieurs, les chimistes, les naturalistes et les mécaniciens) ; *Landbc-Hoiskole* (agriculture) ; *Instituts* des aveugles, des sourds-muets et des aliénés (*Idiotanstalten*). Quant à l'université de Copenhague, elle comprend de mille à douze cents étudiants. Sur ce nombre, cinq cents travaillent en vue d'obtenir le diplôme de docteur en théologie, afin de s'assurer, une fois pasteurs, une existence facile, et de se marier honorablement. D'après la quantité de cures à donner et celle des aspirants à ces cures. M. Kierkegarrd a calculé que les derniers docteurs reçus doivent attendre plus de vingt ans avant d'entrer en fonctions. Fondée par Christian Ier et inaugurée en 1479, cette université jouit d'une réputation qu'elle mérite.

Nous avons parlé plus haut des bibliothèques publiques [1], mais il convient de mentionner ici l'existence d'un certain nombre de sociétés savantes, parmi lesquelles on remarque surtout : la Société royale des sciences, la Société royale des antiquités du Nord, la Société pour la propagation des sciences naturelles, la Société de géographie, la Société Islandaise, la Société de la littérature danoise, la Société de l'industrie.

Le 12 août 1884, le huitième Congrès international de médecine s'est ouvert à Copenhague en présence du roi et de la reine de Danemark, du roi et de la reine de Grèce, du prince héritier et des autres membres de la famille royale. Huit cents mé-

[1]. Voir *la description de Copenhague* p 27.

decins étrangers remplissaient la grande salle du palais de l'Industrie, et l'assemblée formait comme un grand conseil de toutes les écoles médicales du monde.

La liberté de la presse est complète, sauf le cas de délit contre la famille royale et les souverains étrangers. Les feuilles publiques ne peuvent être poursuivies par les autres citoyens, y compris les ministres, que dans le cas où ceux-ci se portent partie civile.

Cent trente-trois revues et journaux, dont onze quotidiens, paraissent à Copenhague, et cent quarante-quatre sont publiés en province ; citons parmi les feuilles les plus répandues : *Berlingsketidende*, journal officiel du gouvernement ; la *Patrie* (*Fædrelandet*), 1839, qui a toujours plaidé en faveur de la régénération ; *Flyveposten* (Poste volante), organe de la réaction ; *Folkes-avis* (Journal du peuple, vingt mille exemplaires) ; *Dags-Telegraphen* (télégraphe du jour, très libéral ; *Morgen-Posten* (Poste du matin), organe des amis des paysans ; *Dagblages* (la quotidienne), organe très accrédité du parti libéral.

La liberté des cultes ne le cède en rien à la liberté de la presse : elle n'est violée qu'à l'égard du souverain, qui doit professer le luthéranisme, religion officielle de l'État. Suivant la Constitution, chacun peut écouter en matière de religion la voix de sa conscience, pourvu qu'il ne trouble ni la moralité ni l'ordre public (art. 76). En conséquence, personne ne peut être forcé de contribuer à l'entretien d'un culte dont il ne fait pas partie (art. 77). Enfin, nul ne peut être privé de ses droits civils et politiques pour cause de religion, ni être exempté de ce chef de l'accomplissement de ses devoirs de citoyen. Les quatre-vingt-dix-neuf centièmes de la population appartiennent à la confession luthérienne: on compte seulement quatre mille israëlites, mille huit cent cinquante-sept catholiques romains, mille quatre cent trente calvinistes, deux mille soixante-neuf mormons, trois mille cent cinquante-sept anabaptistes, une cinquantaine d'anglicans, et environ douze cents membres d'une secte qui s'intitule la libre communauté. Pour le culte catholique, il y a un vicaire apostolique dans le royaume. Le Danemark est divisé en sept évêchés : Sjalland, Laaland, Falster, Fyen, Ribe, Aarhus, Viborg, Aalborg. Les évêques n'ont pas accès dans le Langsthing, mais ils jouissent cependant de privilèges étendus. L'Islande a un évêque spécial.

CHAPITRE VIII

L'ARMÉE. — SYSTÈME DÉFENSIF DU DANEMARK

Loi du 6 juillet 1867. — Recrutement du contingent — Effectif de l'armée de terre. — Armée navale. — Projet de réorganisation défensive présenté au Rigsdag en 1882.

Conformément aux dispositions de la loi du 6 juillet 1867, l'armée danoise se compose de tous les hommes valides âgés de vingt-deux ans révolus. Ceux-ci doivent le service pendant seize ans, dont quatre dans l'armée active, quatre dans la réserve de l'armée active, et huit dans la landwehr.

Le pays est divisé en cinq cercles, qui recrutent chacun une brigade d'infanterie et un régiment de cavalerie. Le contingent de l'artillerie est fourni moitié par les deux premiers cercles, moitié par les trois autres. Le contingent du génie est fourni par tous les cercles. Les forces du royaume comprennent vingt-un bataillons d'infanterie de ligne, avec dix bataillons de réserve et onze de landwehr ; cinq régiments de cavalerie, ayant chacun trois escadrons actifs et un dépôt ; deux régiments d'artillerie à douze batteries, dont deux de ligne et une de réserve ; deux bataillons de génie. Au commencement de septembre 1877, l'armée régulière comprenait trente-cinq mille six cent cinquante-sept hommes, l'armée de réserve treize mille deux cent soixante dix-neuf soldats.

Les habitants des côtes sont recrutés pour le service sur mer. La marine de l'État se composait, à la fin de 1877, de trente-trois bâtiments à vapeur, dont sept cuirassés, et de trente-deux navires à voiles. Ces vaisseaux étaient armés de trois cent dix canons, et les équipages de la flotte, formés de deux mille huit cent trente-deux hommes, obéissaient à un amiral, à neuf commandants, à vingt-deux capitaines et à cent deux lieutenants.

Depuis que l'annexion des duchés a réduit d'un tiers le territoire du Danemark, la politique de cet État doit être celle de la neutralité, son attitude celle de la défensive. Dans ce but, un projet de réorganisation a été présenté, en 1882, à l'examen du Landsthing, et, comme tout porte à croire que ce projet obtiendra à bref délai l'assentiment du Rigsdag, en voici l'économie d'après le lieutenant-colonel Hennebert :

« Au nord de Copenhague, — à la hauteur du point où le Sund ne mesure que 4 kilomètres de large, — s'élève, en avant d'Helsingor, la forteresse de Kronborg. Cet ouvrage ne défendait autrefois le passage du Sund que d'une manière très imparfaite : à l'époque où la portée des bouches à feu était peu considérable, la flotte anglaise pouvait franchir cet étranglement, forcer l'entrée du Sund, et cela sans coup férir ni recevoir (expéditions de 1801 et de 1807) ; aussi, doit-on l'appuyer de batteries de côtes armées de pièces de gros calibre, lesquelles sont, comme on sait, dotées d'une portée bien supérieure à la faible largeur du détroit.

« Pour protéger les communications de Sjalland avec Fyen, on se propose de relever les remparts de Korsor et de Nyborg, qui se font vis-à-vis de part et d'autre du Grand-Belt ; de fortifier l'îlôt de Sprojot ; d'organiser, au nord, le fjord de Kalundborg ; au sud, le Sund d'Agersö. De cette façon, le Belt sera coupé en son milieu, et il offrira, par chacune de ses extrémités, un point d'appui aux flottes nationales. La flotte allemande de Kiel aura, dès lors, devant elle, un obstacle sérieux, dont le franchissement lui coûterait cher.

« Pour défendre Fyen et se ménager un débouché sur le continent, on a dessein de relever Frédéricia ; de restituer aux fortifications de cette place, — en partie rasée par les Autrichiens (1864), — une valeur en harmonie avec l'importance du site qu'elle occupe. Le littoral du Petit-Belt se hérissera de batteries de côtes ; enfin, à l'intérieur de l'île, on organisera quelque grande position, capable de protéger une retraite provisoire et de permettre aux défenseurs de reprendre ultérieurement l'offensive.

« La frontière actuelle du Jylland ne comporte aucune ligne d'obstacles naturels. Elle ne suit la Kouge-Aa que sur une longueur de 25 kilomètres, et ce cours d'eau n'est nulle part difficile à franchir. L'armée nationale qui aurait à opérer une retraite dans le nord du Jylland trouverait diverses positions faciles à défendre de front, mais également faciles à tourner. On se propose de fortifier, à l'est d'Aarhus, la presqu'île d'Helgenœs, laquelle est reliée au continent par un défilé tellement étranglé, qu'une compagnie d'infanterie pourrait y tenir contre une armée entière. Cette presqu'île, où le général Rye a trouvé refuge en 1849, deviendra, moyennant la construction des ouvrages projetés, un excellent réduit général. A l'extrémité nord de la Chersonèse Cimbrique, l'île de Vendsyssel, séparée du continent par le Lim-fjord, forme un dernier réduit « en cas de malheur », comme disent les Danois. On y trouve Frederikshavn, port que protègent le fort de l'île Deget et la citadelle de Fladstrand. Ces deux ouvrages, actuellement en mauvais, état doivent être réorganisés.

« Quant à la côte occidentale du Jylland, elle peut être dite invulnérable, défendue qu'elle est par les fureurs à peu près constantes de la mer du Nord. A cheval sur le bras de mer interjeté entre les îles de Sjalland et d'Amager, Copenhague (Kjobenhavn) occupe une situation merveilleuse, à l'intersection de deux grandes voies du commerce européen. Nœud naturel des communications de terre et d'eau, elle est dite la « Byzance du Nord » ; c'est à la fois le centre et le réduit de la puissance danoise. Arsenal maritime et port militaire de premier ordre, Copenhague n'est plus fortifiée en terre ferme de Sjalland. Sur la mer, l'entrée du port est défendue par la citadelle de Frederiskshavn et deux batteries de gros calibre. En Amager, le grand faubourg de Christianshavn est muni d'une double enceinte bastionnée. Assis sur des îlots artificiels établis en pleine mer, s'élèvent le fort de Tre Kroner, la batterie de Lynetten et le fort de Provestenen. Ces défenses étant jugées insuffisantes, on doit jeter de nouveaux ouvrages en avant sur le haut fond de Stubben et à la pointe de Middelgrunden.

« Pour défendre l'archipel Cimbrique, pour faire avorter toute tentative de débarquement sur les côtes, notamment sur celles du Sjalland, la flotte nationale doit, pour ainsi dire, être tenue constamment sous vapeur. Cette flotte ne compte actuellement que deux frégates et cinq batteries flottantes cuirassées; trois frégates, trois corvettes, six avisos, douze chaloupes canonnières, trois vapeurs à aubes et huit torpilleurs. Elle a donc besoin de s'accroître dans des proportions assez larges. Il faut aussi que le Danemark songe à l'organisation sérieuse de ses défenses sous-aquatiques. Chaque passe maritime, chaque sund, chaque fjord doit avoir son réseau de torpilles. La précaution est bonne à prendre. Les Allemands n'ont pas oublié que, lorsqu'ils tentaient d'opérer leur débarquement dans l'île d'Alsen, plusieurs de leurs embarcations ont été frappées par des appareils torpédiques, projetées en l'air et brisées en mille pièces [1] ».

La réorganisation projetée est indispensable. Le Sund n'appartient au Danemark que par une de ses rives ; la Prusse est maîtresse du Petit-Belt, à son entrée méridionale ; le Grand-Belt, enfin, peut être tourné par les armées belligérantes. Le Danemark n'est donc plus le gardien des portes de la Baltique, depuis que la Prusse l'a odieusement démembré, sans que Napoléon III fît quoi que ce fût pour entraver les projets du cabinet de Berlin.

[1] *L'Europe sous les armes*, par le lieutenant-colonel HENNEBERT (Jouvet, 1884).

CHAPITRE IX

LES POSSESSIONS DANOISES

Les Fa-roër. — Torshaven. — L'Islande. — Geysers et volcans. — Histoire sommaire de cette île. — Découverte de l'Amérique septentrionale par les Islandais. — Reykjavik. — Le Groënland. — Glaciers et icebergs. — Le parlement Groënlandais. — Les Antilles danoises.

Le Danemark possède en Europe les îles Fa-roër ; en Amérique, l'Islande, le Groënland et trois Antilles. L'Islande est bien, au point de vue géographique, une terre américaine, et, si on la rattache ordinairement à l'Europe, c'est qu'elle fut civilisée par des Norvégiens.

Les îles Fa-roër, situées dans la mer du Nord, sont au nombre de vingt-cinq, dont dix-sept seulement sont habitées, et dont les deux principales sont Stromö et Syderö. Le ciel des Fa-roër est gris, sombre, mais le climat n'en est pas rigoureux. Les habitants tirent de la pêche et de la laine de leurs nombreux moutons les ressources nécessaires à leur subsistance.

Torshaven, la capitale, s'élève au fond d'une baie en fer à cheval. Lorsqu'on y arrive par mer, on aperçoit à droite des falaises percées à jour par les vagues, et, sur un tertre, le pavillon danois hissé au haut d'un mât. A gauche, se dressent les bâtiments de la mission catholique, et au fond, trois cents chaumières, sur lesquelles planent des milliers d'oiseaux. Du haut de la montagne qui domine la ville, on voit des espaces considérables couverts de morues qu'on a mises là pour les faire sécher. L'orge mûrit une fois sur trois dans les îles de l'archipel.

Les habitants des Fa-roër sont de taille moyenne; leur nez est court, leurs sourcils châtains, leur teint hâlé ; leur barbe, qu'ils portent en collier, se termine sous le menton en pointe de patin. Ils sont vêtus d'une casaque courte à collet droit, d'un gilet montant, d'une culotte se boutonnant au-dessus du genou, d'un bonnet en cotonnade brune à raies rouges. Leur chaussure est formée d'une peau cousue sur le pied et derrière le talon; elle est retenue par des lanières. Les femmes laissent leurs cheveux flotter au gré du vent. Elles portent un pantalon de tricot, une jupe de laine, une large ceinture, un corsage sans manches, un fichu de couleur voyante, qui se croise devant la poitrine.

Les Fa-roër sont bordées de falaises abruptes de plus de 4 à 500 mètres, que découpent des baies profondes. La terre arable y est rare, le sol rude et sans arbres, bien qu'elles contiennent de bons pâturages où paissent les troupeaux qui ont donné leur nom à l'archipel : Fa-roër veut dire *îles des brebis*. On y cultive l'orge, les pommes de terre, les navets ; mais les habitants s'occupent surtout de la chasse des oiseaux de mer et de la pêche des dauphins, dont ils recueillent l'huile. Ils sont au nombre de 11,000, et la superficie totale de l'archipel est de 1,332 kilomètres carrés [1].

[1] V. pour les Fa-roër le *Voyage dans l'intérieur de l'Islande*, par M. Noël Nougaret (1866), dans le *Tour du monde*.

L'Islande ou Iceland (terre de glace) est plus rapprochée du Groënland que de l'Ecosse. Elle est située entre 63° 25 et 66° 32 lat. Nord. Sa superficie est de 102,500 kilomètres carrés, et sa population se compose de soixante-douze mille habitants. Son origine est toute volcanique. Ses côtes sont escarpées, dentelées de fjords nombreux, qui rappellent ceux du littoral norvégien et auxquels aboutissent des vallées assez riches en pâturages. Ces pâturages sont étendus, puisqu'ils nourrissent quarante mille bêtes à cornes, soixante-dix mille moutons, soixante mille chevaux. Les plus connues de ces baies sont le Bograr, le Faxa, le Breidi, l'Arnar, l'Isa, le Hima, le Skaga, l'Eyja, l'Axar, le Thistil, le Vopna, le Seydis, le Revdar ; en général, elles sont parsemées d'îlots basaltiques qui servent de repaire aux eiders, aux aigles et aux faucons ; chacune d'elles possède un petit chef-lieu, où les steamers font escale cinq ou six fois par année, et où résident des marchands qui troquent contre les marchandises du Danemark les produits de l'Islande : minéraux divers, poissons séchés, fourrures d'ours et de renards, plumes d'aigles ou de cygnes, édredons, peaux de phoques, huile de baleine ou de foie de requin.

Rien de plus triste que l'intérieur de l'Islande. Pas un arbrisseau, pas un coin de verdure ; partout des laves refroidies et des cimes volcaniques. Le sifflement du vent et les cris de l'oiseau de proie viennent seuls rompre par instants le silence de ces solitudes désolées, glaciales, accidentées de monticules aux flancs desquels pendent quelques huttes misérables. Les rivières sont, pour la plupart, gênées dans leur cours torrentueuses, rapides, difficiles à franchir, excepté pour les rennes. Au nord du lac Myvatn il existe un grand nombre de cratères réduits depuis longtemps à des dégagements de gaz sulfureux, qui s'échappent des fissures du sol. Les sulfatares islandaises sont si abondantes que l'île pourrait à elle seule fournir de soufre le monde entier[1].

L'Islande est un centre continu d'action volcanique dont l'île tout entière est le résultat et dont l'Hékla est la principale bouche. Les volcans, en faisant fondre d'énormes amas de neige, produisent parfois de terribles inondations. L'Hékla, haut de 1,635 mètres, est moins élevé que l'Oracfa, que le Smaefell, que l'Eyafjalla et que le Herdubreid.

L'Islande est surtout connue par ses geysers, sources jaillissantes d'eau en ébullition, les unes constantes, les autres intermittentes. Les geysers les plus remarquables sont le Grand-Geyser, le Petit-geyser et le geyser de Strokkr. Le tube de ce dernier mesure trois mètres de diamètre, ses parois sont verticales, sa profondeur est de treize mètres, et ses eaux bouillonnent avec un grand fracas. Lorsque l'on jette dans la source quelques mottes de gazon, le Strokkr cesse brusquement son agitation, mais au bout d'une demi-heure, il écume, il déborde, il vomit en sifflant la terre qu'on y avait précipitée. Le voyageur peut donc provoquer une éruption artificielle de ce singulier cratère.

M. Jules Leclercq a tout récemment visité l'Islande. Plutôt que de résumer sa relation, nous citerons ici textuellement les principaux passages de

[1] BEUDANT, *Minéralogie*, p. 75. (Garnier, frères).
Le soufre d'Islande est en grains peu adhérents entre eux et qu'on peut exploiter à la pelle comme du sable.

sa description des geysers, description faite avec un soin minutieux :

« Je ne saurais exprimer la joie qu'éprouve le voyageur fatigué quand, après une grande journée de marche, il aperçoit des centaines de nuages qui jaillissent à l'horizon du sein de la terre, et s'élèvent majestueusement vers le ciel ; ces nuages, qui de loin ressemblent à une armée de grands fantômes, lui annoncent qu'il approche de la célèbre vallée des Geysers, terme de sa longue étape. On les aperçoit à une lieue de distance, et telle est l'intensité des blanches vapeurs fusant comme des gerbes aqueuses, qu'on s'imagine voir les geysers en pleine éruption... Courons au Grand-Geyser. On le reconnaît facilement de loin, grâce à l'abondance des vapeurs blanches qui s'échappent de son vaste cratère, situé au sommet d'une éminence de forme à peu près circulaire, dominant de 4 mètres le niveau général de la plaine. Cette éminence a été créée par le geyser même, qui dépose journellement sur ses bords les substances que ses eaux tiennent en dissolution ; elle est formée de tufs siliceux disposés en plaques minces ; près du bassin, ces plaques sont si dures, qu'on peut à peine les briser à coups de marteau, tandis qu'au pied du cône elles s'émiettent et craquent sous les pieds, et on les détache aisément. Dans tous les creux séjournent des mares d'eau tiède déposées par la dernière éruption. Une infinité de petits canaux sillonnent la roche, et par ces canaux se déverse le trop-plein du réservoir... Des pétrifications siliceuses de toute beauté font au bassin une ravissante ceinture ; Henderson a prosaïquement comparé ces merveilleuses efflorescences, connues sous le nom de geysérites, à de vulgaires choux-fleurs : j'aime mieux les comparer aux fines dentelures dont les Arabes ont recouvert les murs de l'Alhambra. Elles sont d'une structure si délicate, qu'il est difficile d'en emporter des spécimens. Le bassin a la forme d'une gigantesque soucoupe de quinze à dix-sept mètres de diamètre. Ses parois intérieures sont polies par les eaux. Le conduit central a 3 mètres de diamètre à son orifice ; on a pu le sonder jusqu'à 24 mètres de profondeur ; il est probable qu'en cet endroit il fait un coude qui empêche la sonde de pénétrer plus avant. On ne peut se défendre d'un sentiment de crainte en songeant que la température de l'eau, dans ce puits, dépasse de beaucoup le point d'ébullition, comme l'ont montré les observations [1].

« On rencontre des geysers [2] dans maintes parties de l'île, dans les vallées, sur les montagnes, et même au sein des neiges perpétuelles ; mais la plupart se trouvent dans des régions où l'action des feux souterrains semble en voie d'extinction : ils sont la dernière manifestation de l'énergie volcanique à la veille d'expirer. Les plus beaux sont ceux de la vallée de Haukadalr ; nulle part on ne les trouve aussi nombreux : en 1881, on en comptait environ cent trente en activité. Leur nombre varie, car tandis que les uns s'éteignent, il en naît de nouveaux. L'aspect des lieux se modifie sans cesse. Les geysers n'ont pas tous la même énergie ; leur puissance

[1] Lorsqu'une éruption va se produire, on entend des bruits souterrains et des sourdes détonations ; le sol tremble ; l'eau s'agite violemment et déborde avec une abondante émission de vapeurs.

[2] Geyser (en anglais *gusher*) est un vieux mot islandais qui signifie jaillir.

dépend de leur âge. Burton divise leur vie en sept périodes. Dans la période de l'enfance, le geyser dort encore dans le sein maternel de la terre, et du sol boueux et chaud s'échappent de légères vapeurs, bientôt l'enfant commence à respirer fortement, et il lui arrive parfois de vomir dans le giron de sa nourrice ; puis, voici qu'il bout, impatient de montrer ce qu'il sait faire ; vient ensuite la période de la jeunesse, pendant laquelle il déborde. Le Grand-Geyser offre le type du geyser arrivé à l'âge mûr, dans toute la plénitude de ses forces.

« Lorsqu'on explore cette vallée des Geysers, deux phénomènes curieux s'offrent immédiatement à l'attention : la différence de niveau des sources chaudes, et l'aspect différent des subtances qu'elles déposent. Le dernier phénomène est d'autant plus remarquable, que les sources sont très rapprochées les unes des autres ; les eaux traversent sans doute des couches de diverses substances et laissent un dépôt qui varie suivant la nature des roches qu'elles dissolvent, grâce à leur énorme température. Malgré leur différence de niveau, les geysers semblent ne pas être indépendants les uns des autres, car lorsque l'un d'eux montre des signes d'agitation, les autres émettent une plus grande abondance de vapeurs, ce qui prouve qu'il existe entre eux une certaine sympathie. On trouve des sources aussi bien sur les pentes de la colline située à l'ouest du Grand-Geyser que dans le fond de la vallée.

« Toutes ces sources travaillent à leur propre anéantissement, car à la longue les dépôts qu'elles accumulent à leur orifice doivent finir par les étouffer. Le Petit-Geyser, où nous cuisons nos aliments, s'engorge rapidement par suite des dépôts de fiorite qui s'attachent aux parois supérieures, à l'endroit où l'eau se refroidit au contact de l'air. C'est un des plus beaux bassins qui soient au monde ; il semble avoir été taillé dans le lapis-lazuli, et l'on peut regretter qu'il soit appelé à disparaître. De tous les geysers d'Islande, nul n'a plus excité l'admiration des voyageurs. Il se compose en réalité de deux chaudières qui s'ouvrent au niveau du sol, et dont la plus grande mesure 12 mètres de circonférence ; bien qu'elles communiquent sous terre, elles sont séparées par une mince cloison, qui n'a guère plus de 30 centimètres d'épaisseur. Les eaux qui bouillent dans ces chaudières sont d'une limpidité merveilleuse ; telle est leur pureté, qu'elles semblent plus transparentes encore que l'air ambiant ; elles invitent le regard à scruter leurs mystérieuses profondeurs, et qui sait jusqu'à où l'œil pourrait les sonder s'il pouvait dissiper les ténèbres des abîmes souterrains ! On ne saurait rien imaginer de plus magique que la coloration de ces eaux ; l'azur du ciel s'y mêle au vert de l'émeraude, et le langage de la poésie pourrait seul exprimer tout ce qu'il y a de fascinateur dans leurs chatoiements. Le Petit-Geyser avait autrefois de fréquentes éruptions, mais il a cessé de jaillir depuis un violent tremblement de terre qui bouleversa la vallée en 1789 : la commotion disloqua probablement le conduit souterrain, en même temps qu'elle ouvrit à quelques pas de là un nouveau geyser connu sous le nom de Stokkr [1] ».

L'Islande n'était pas encore émergée du sein de la mer au temps de Strabon et les géologues pen-

[1] *La Terre de glace*, par Jules Leclercq, p. 145-155, (Plon).

sent que sa formation est contemporaine de la célèbre éruption du Vésuve : elle n'est donc pas, comme on l'a cru longtemps, l'*ultima Thule* des classiques. C'est en 861 qu'un pirate norvégien du nom de Naddadr fut jeté par une tempête sur la côte orientale, dont il fut chassé par des tourbillons de neige extrêmement violents. Il donna à cette terre inhospitalière le nom de *Snæland* (terre de neige). Trois ans après, le Danois Gardar, issu d'une famille suédoise, fut à son tour détourné de sa route par une bourrasque ; il aborda dans le fjord de Skjal, sur la côte septentrionale de l'Islande, construisit une cabane et passa l'hiver dans le lieu appelé encore Husavik. L'été venu, il fit le tour de l'île, à laquelle il donna le nom de Gardarsholm. La même année, le pirate norvégien Floki, encouragé par l'exemple du marin danois, accomplit la même expédition que lui ; il le regretta, et, en s'éloignant, il baptisa par dépit la froide Islande du nom de *Terre de glace*, qui lui est resté.

Cette contrée peu séduisante était cependant habitée par des hommes que l'on suppose être des anachorètes irlandais. Venus là pour prier et jeûner loin du monde, ils partirent pour ne pas rester mêler aux païens qui arrivèrent bientôt en foule sous la conduite du gentilhomme Ingolfr en 874. La belle Ragna Andilsdattr avait promis sa main à Harald aux beaux cheveux s'il parvenait à régner sur toute la Norvège, et l'amoureux Harald avait juré de ne couper et de ne peigner sa luxuriante chevelure que le jour où il pourrait se présenter devant Ragna avec la certitude d'être agréé. Il mit douze ans à conquérir le pays. Devenu maître absolu des personnes et de leurs biens, il agit envers tous avec une telle tyrannie que les fiers Scandinaves résolurent de s'exiler. Ils s'embarquèrent près de Trondhjem sous la conduite d'Ingolfr, et fondèrent au sud-ouest de l'Islande la ville de Reykjavik. Les immigrants appartenaient pour la plupart aux familles les plus distinguées et les plus éclairées ; ils achevèrent donc en peu de temps la colonisation de l'île et se partagèrent en un certain nombre de petites républiques indépendantes, qui, ne pouvant s'entendre entre elles, adoptèrent un code de loi rédigé par un homme du nom d'Ulfljot. Une assemblée régulière, l'Althing, qui siégea pour la première fois en 928, les représenta désormais et fut présidée par le *logsogumadr*, premier magistrat de la république islandaise. Au désordre et à l'anarchie succéda une sage organisation, grâce à laquelle le pays traversa une longue période de prospérité. Des dissensions intestines amenèrent la ruine du petit État; car la Norvège profita des troubles pour s'annexer l'Islande (1264), que l'Union de Kalmar rendit danoise en 1397. Depuis la perte de son indépendance, l'île de Gardar n'a pas d'histoire, d'où il ne faut pas conclure qu'elle ait joui continuellement d'une félicité sans bornes : la peste, les éruptions volcaniques, les tremblements de terre n'ont cessé de la désoler. Elle a eu du moins la joie en 1874 de recevoir du roi Christian IX une constitution lui assurant le *selfgovernment:* le pourvoi exécutif est exercé par le monarque, mais le pouvoir législatif appartient à l'Alhting et n'est pas confondu avec le pouvoir judiciaire. Un « ministre pour l'Islande » gouverne au nom du roi et donne ses ordres à un gouverneur. L'Althing comprend deux Chambres : la Chambre haute, formée de douze membres dont six nommés par le cabinet de Copenhague, et la Chambre basse, composée de vingt-quatre membres élus au suffrage universel.

Les Islandais du moyen âge ont eu la gloire de découvrir l'Amérique cinq siècles avant Christophe Colomb. La situation de l'île et les rapports que la jeune république entretint avec les étrangers, devait nécessairement la conduire à perfectionner l'art de la navigation et lui inspirer le désir d'entreprendre des voyages de découverte dans la direction du nord. Déjà, en 877, le navigateur islandais Gunnbjorn avait aperçu le littoral montagneux du Groënland. Un siècle plus tard, cette immense contrée polaire fut visitée par Erik le Roux, qui y établit sur la côte sud-ouest une première colonie (986) ; les golfes principaux reçurent les noms des chefs de l'expédition. Le fils d'un de ces derniers, Bjarn Herjulfsson, fit voile de l'Islande la même année pour se rendre au Groënland ; mais, chemin faisant, il fut entraîné par les vents vers le sud et arriva très probablement en vue de Terre-Neuve et de la Nouvelle-Écosse. En l'an 1000, Lejf l'Heureux, fils d'Erik le Roux, entreprit un voyage dans le but de retrouver les pays aperçus par Bjarn ; il y réussit et donna à Terre-Neuve le nom d'*Helluland* (terre des pierres plates), à la Nouvelle-Écosse celui de *Markland*, à la Nouvelle-Angleterre la dénomination de *Vinland* (terre des vignes). Son frère, Thorvald, fut tué par les naturels dans le pays qui correspond au Massachusetts.

Cependant, le plus célèbre des premiers explorateurs de l'Amérique est un certain Thorfinn Karlsefne, qui, ayant épousé la Groënlandaise Gudrid, résolut de faire avec elle une excursion dans le Vinland. A cet effet, il s'embarqua avec cent cinquante-huit compagnons, passa trois ans dans le pays des vignes, trafiqua avec les tribus sauvages et descendit jusqu'à la baie de Chesapeake. Jusqu'au XIVe siècle, les Scandinaves eurent des établissements sur la côte orientale de l'Amérique du Nord : après cette époque, ils se mêlèrent aux Indiens ou furent peut-être détruits par eux.

Les notions données par les Sagas, sur le climat, sur les productions et sur la géographie physique des régions colonisées par les Islandais sont en parfaite concordance avec les descriptions modernes. Il est donc bien certain que le Nouveau-Monde avait été déjà découvert par des Européens lorsque Christophe-Colomb aborda aux îles Lucayes. Du reste, le célèbre navigateur génois connaissait l'existence du Vinland et n'entreprit sa première expédition maritime qu'après avoir acquis par de sérieuses études la conviction qu'il ne naviguerait pas en vain [1].

La capitale de l'Islande est Reykjavik, petit village formé de baraques en bois, au fond d'une baie exposée à tous les vents. Deux rues le sillonnent : l'une, la rue du Port, contient les boutiques, le club et le seul hôtel de l'endroit ; l'autre, la rue Haute, conduit à l'hôpital. Les maisons, dont les fenêtres sont très petites, sont isolées les unes des autres par des jardinets, où l'on cultive quelques légumes. C'est à l'intersection des deux rues que se trouve la

[1] On pourra consulter sur l'Amérique antécolombienne l'ouvrage suivant publié en 1877 par Charles-Christian Rafn : *Antiquitates Americanæ, sive scriptores septentrionales rerum antecolumbianarum in America.* (Copenhague, 1837, in-4.)

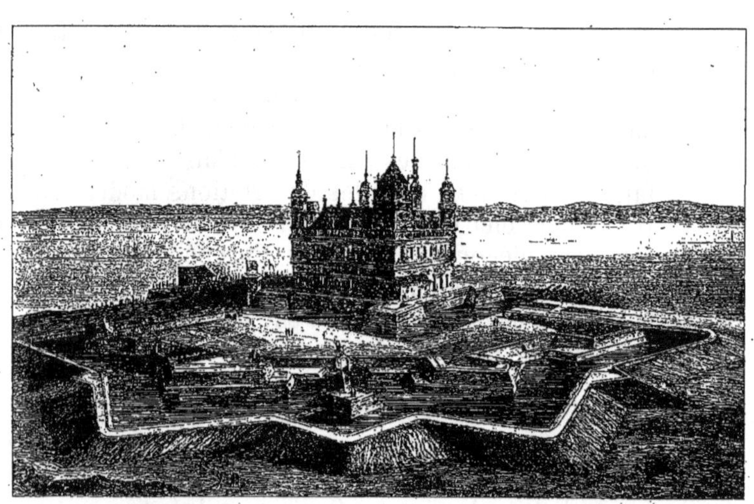

Château de Kronborg, côté des terres (d'après une ancienne gravure Danoise.)

place publique, ornée de la statue de Thorvaldsen et où les voyageurs dressent leur tente. L'église s'élève en face de cette statue, objet d'admiration pour les deux mille habitants de Reykjavik. Le costume des habitants, du moins celui des hommes, ressemble à tous les costumes, si ce n'est que la coupe fait peu d'honneur au couturier du pays. Seules, les femmes ont conservé en partie le costume national : elles ont pour coiffure la *hufa*, petite cape de laine noire, ronde, plate, et laissant flotter par derrière un gland de soie noire resserré dans un petit cylindre d'argent; leur corsage s'ouvre au milieu de la poitrine et laisse voir la chemise, et leur jupe en laine noire affecte une forme extrêmement simple. Les jours de cérémonie elles remplacent la hufa par le *faldr*, sorte de casque haut de forme, qui se termine par un long voile de mousseline blanche.

Les habitations sont en général malpropres. La pièce principale de chaque logis est meublée d'un canapé, d'un lit et d'une vieille table, sur laquelle on mange de la morue salée, du beurre et du fromage rances, du pain de seigle, du mouton fumé : horribles aliments dont un café réellement exquis fait à peine disparaître le mauvais goût. Les murs sont faits de couches alternées de tourbe et de blocs de lave ; les toitures sont couvertes de gazon ; les différentes pièces communiquent entre elles par d'obscurs corridors. La meilleure chambre est celle qu'on réserve aux hôtes de passage ; elle est planchéiée, ses parois sont revêtues de bois et elle renferme, avec un lit, une demi-douzaine de vieux bahuts, une table et une commode.

Le Groënland (Grœn-land, terre verte) est situé au

nord-est de l'Amérique. Quelques géographes considèrent cet immense territoire comme la partie principale d'un continent situé dans les régions polaires ; mais il est à peu près établi que ce pays est une grande île entourée par la mer Polaire, la mer de Baffin et l'Océan Atlantique. Le sol du Groënland est informe, rocailleux, plein de rochers neigeux et de glaces ; ses côtes, peu connues à mesure qu'on s'avance vers le pôle, sont assiégées par les icebergs et dentelées de fjords, que barrent parfois des ilots inhabités ; sa superficie est d'au moins 2 millions de kilomètres carrés, de sorte qu'en évaluant à 150 et quelques mètres la profondeur de la glace qui le recouvre, on obtient pour le volume total de cette eau congelée le chiffre étonnant de 300 trillions de mètres cubes. La température étant partout trop basse pour permettre une liquéfaction considérable, des blocs se détachent des glaciers et viennent flotter sur la mer. Les côtes orientales, bordées de montagnes élevées, sont presque inabordables; les côtes occidentales renferment quelques comptoirs et quelques missions protestantes à Julianeshaab, Godthaab, Nye-Herrnhut, Godhaven et Upernavik, d'où partent les baleiniers et les navigateurs qui s'aventurent dans les détroits de l'archipel polaire. Ce n'est donc pas sans raison que Davis avait donné au Groënland le nom de Terre de désolation.

Au point de vue administratif, le pays est divisé en douze districts : les six districts septentrionaux forment l'inspection du Nord, chef-lieu Godhaven ; les six districts méridionaux, celle du Sud, chef-lieu Godthaab. L'autorité de l'inspecteur est absolue dans sa juridiction, et l'on ne peut appeler de ses décrets qu'au gouvernement de la métropole. La population s'élève à environ sept millions d'âmes ; ses intérêts sont défendus par un parlement composé de treize membres, y compris le président. Les députés se réunissent dans une pièce longue de vingt pieds de large, de seize et construite en planches. Ils sont vêtus de pantalons de peau de phoque et de blouses de grosse laine sur lesquelles se croisent de larges bretelles, coiffés de toques rouges où sont brodées les armes danoises ainsi que l'emblème du Groënland : un ours polaire doré, couronne en tête et piteusement campé sur ses pattes de derrière. Lorsqu'ils délibèrent, ils prennent place autour d'une table en bois de pin, flanquée de deux bancs.

La population soumise au Danemark se compose d'Eskimaux, à demi civilisés, de taille peu élevée, d'un caractère doux et insouciant. Les Eskimaux vivent de chasse et de pêche : ils sont disséminés, et l'on en trouve bien au-delà du 74° de latitude nord.

Les Antilles danoises sont au nombre de trois : Sainte-Croix, Saint-Thomas et Saint-Jean. Sainte-Croix, où l'on trouve les villes de Christianstad et de Frédérikstad, est située au sud des îles Vierges ; elle est fertile en sucre et en café, et elle nourrit beaucoup de bétail ; sa superficie est de 218 kilomètres carrés. Saint-Jean jouit d'un bon climat et d'un sol très fertile. Enfin Saint-Thomas, qui a pour capitale la ville du même nom, possède un excellent port, d'où partent des paquebots pour Southampton ; elle a été récemment vendue, ainsi que Saint-Jean, aux États-Unis, mais le Sénat américain n'a pas encore approuvé l'acte de cession. La population totale des Antilles danoises s'élève à quarante mille habitants.

CHAPITRE X

LA LITTÉRATURE DANOISE-NORVÉGIENNE

Les langues scandinaves. — Les Eddas et les Sagas. — Les Scaldes. — Les Kœmpe Viser. — Holberg. — Réveil du sentiment national. — Œhlenschlæger. — Ingemann. — Andersen. — Bjœrnstjern Bjœrnson.

Les langues scandinaves appartiennent à la branche germanique de la famille indo-européenne, et comprennent les idiomes parlés jadis dans le nord par les peuples de race gothique pure, que l'on considère comme les plus anciens habitants connus de la Scandinavie. Elles dérivent du northmannique, langue unique parlée d'abord par les habitants du Danemark, de la Suède et de la Norvège. Le northmannique se subdivise en deux branches : le norvégien ancien ou norrois et le vieux danois, qui a donné naissance au danois moderne et au suédois.

La langue danoise s'est constituée en langue distincte vers le XIIIe siècle, mais elle n'est devenue littéraire qu'à l'époque de la Réformation. Le plus original et le plus riche en vieux mots des dialectes danois est celui du Jylland sptentrional; cependant le dialecte de Sjalland a prévalu, grâce à l'influence de Copenhague, et s'est peu à peu confondu avec le danois lui-même. Ce dernier, suivant les époques, s'est enrichi de termes empruntés à diverses langues, surtout au bas et au haut allemand. Quant au suédois, il n'a commencé à se fixer qu'au xve siècle; il a subi également l'influence allemande et il a emprunté au finnois des expressions familières. Les trois accents qu'il possède donnent aux inflexions de la voix quelque chose de mélodique, et l'ancien trésor des mots qu'il a conservés le rend plus original que le danois. La parenté du danois et du suédois ressort clairement de l'étude des dialectes parlés en Suède et en Danemark : le skanien, par exemple, sert d'intermédiaire aux deux langues.

Le norrois a fourni au norvégien moderne ses racines et la plus grande partie de son vocabulaire. Il s'est perpétué sans changements dans l'Islande, cette terre de glace perdue au milieu de l'Océan. C'est là qu'en 1643, l'évêque Sveinnsson retrouva le plus ancien monument des littératures scandinaves, nous voulons parler des Eddas, dont la réunion en un seul corps d'ouvrage est attribué au prêtre catholique Sœmund Sigfusson (le savant), qui vivait au xie siècle. *Edda* veut dire *aïeule*, et ce n'est ni sans grâce ni sans raison que les peuples germaniques du nord ont désigné sous ce vocable le recueil vénéré de leurs traditions et de leurs légendes.

L'Edda de Sœmund se compose de trente-sept pièces rimées par allitération et entrecoupées de commentaires en prose, dus évidemment au compilateur. Suivant la critique allemande, les plus anciennes de ces pièces remontent au viiie siècle : elles nous ont été conservées par les scaldes, qui jouent dans la poésie scandinave le rôle des rapsodes dans la poésie homérique, ou encore celui des bardes dans la poésie des celtes. Attachés au service des rois, les scaldes les accompagnaient sur le champ de bataille, s'asseyaient à leurs côtés dans les festins, et chantaient les mystères de la religion, les aventures des dieux, les exploits des héros. Ils ne formaient pas une caste, comme les druides; ils se recrutaient indifféremment dans toutes les classes, et le clergé catholique trouva en eux ses plus redoutables adversaires. Il existe un assez grand nombre de poésies scaldiques : il y en aurait bien plus encore si le pape Sylvestre II n'en avait ordonné la destruction. La plupart de ces chants nous ont été conservés par la tradition orale: quelques-uns ont été gravés en caractères runographiques [1].

Les poésies dont se compose l'Edda de Sœmund ont un caractère âpre et sauvage. Les métaphores s'y pressent hardies, saisissantes : on y exalte la valeur morale et l'héroïsme guerrier; on y trouve enfin l'exposé de la cosmogonie scandinave et les matériaux de la grande épopée germanique des *Nibelungen*. Outre ces poèmes, il existe une autre Edda, l'Edda en prose, attribuée à Snorri Sturlosson (1178-1241). C'est une compilation intéressante, mais indigeste, où les traditions juives, chrétiennes, grecques et romaines se mêlent parfois aux légendes islandaises. Le tout se termine par une sorte d'art poétique à l'usage des jeunes scaldes.

« A côté de la poésie qui chante, dit M. Ampère, aux époques primordiales, ce que croient, ce que

[1] L'alphabet runique, d'un usage général en Scandinavie avant l'introduction du christianisme, se composait primitivement de seize caractères auxquels Waldemar II ajouta sept lettres ponctuées. Les runes étaient gravées sur toutes sortes d'objets et la loi de Skanie xiiie siècle) est tout entière tracée en cette écriture.

sentent les hommes, à côté de la poésie populaire qui est la poésie vraie des siècles qui ne sont plus, il y a le récit naïf et populaire. La poésie se chante, le récit se raconte; mais à cela près, l'une et l'autre offrent le même caractère traditionnel. A tous les genres de la poésie primitive et de la poésie populaire correspond un genre de récit. Il est un pays, la Scandinavie, où la tradition s'est développée plus complètement qu'ailleurs, où ses produits ont été plus soigneusement recueillis et mieux conservés ; dans ce pays, ils ont reçu un nom particulier dont l'équivalent exact ne se trouve plus hors des langues germaniques : c'est le mot *Saga*, *Sage*, ce qu'on dit, ce qu'on raconte, la tradition orale... La *Saga* doit être comptée parmi les produits spontanés de l'imagination humaine. La *Saga* a son existence propre, comme la poésie, comme l'histoire, comme le roman. Elle n'est pas la poésie, parce qu'elle n'est pas chantée mais parlée; elle n'est pas l'histoire, parce qu'elle est dénuée de critique; elle n'est pas le roman, parce qu'elle est sincère, parce qu'elle a foi à ce qu'elle raconte; elle n'invente point, mais elle répète; elle peut se tromper, mais elle ne ment jamais [1]. »

Ni les Eddas, ni les Sagas n'ont le caractère spontané et naïf que l'on se plaît à reconnaître dans les chants populaires connus sous le nom de *Kœmpe-Viser* et qui remontent à l'époque où la Scandinavie avait une langue unique. Les chants guerriers et farouches des scaldes sont remplacés dans les *Kœmpe-Viser* par la peinture touchante des senti-

[1] On divise les Sagas en Sagas légendaires et en Sagas historiques Le style de ces récits en prose est simple, uniforme, mais énergique et abondant.

ments les plus doux. Qu'on en juge par ce *Chant de guerre et d'amour*, cité par M. X. MARMIER dans son *Histoire des littératures scandinaves* :

« Nous avons vogué avec nos navires sur les côtes de Sicile, et nous étions braves. Le navire allait au gré de nos vœux ; nous marchions, comme j'espère que nous marcherons toujours: et cependant la blonde fille de Russie me dédaigne !

« Près de Trondhjen il y eut un combat. Les guerriers étaient nombreux ; la bataille fut sanglante. Le roi tomba dans la mêlée ; jeune, j'échappai au carnage : et cependant la blonde fille de Russie me dédaigne !

« Nous étions seize assis sur les bancs du navire. L'orage gronde ; les vagues engloutissent le bâtiment. Nous nous sauvâmes comme j'espère que nous nous sauverons toujours : et cependant la blonde fille de Russie me dédaigne !

« Je sais plusieurs choses : je sais me battre bravement, guider mon cheval d'une main ferme ; je sais nager et je sais courir sur des patins ; je sais aussi ramer et lancer la flèche de l'arc : et cependant la blonde fille de Russie me dédaigne !

« Veuves ou jeunes filles, pensez-y. Nous avons livré des batailles devant la ville de l'Est. Dure fut l'action de l'épée ; nous en avons des traces : et cependant la blonde fille de Russie me dédaigne !

« Je suis né sur les côtes où l'on sait tendre l'arc ; j'ai souvent chassé sur les écueils les vaisseaux ennemis. Loin des habitations, j'ai parcouru la mer avec navires : et cependant la blonde fille de Russie me dédaigne ! »

Le danois, nous l'avons dit, ne prit guère son

rang comme idiome littéraire que vers le milieu du XVIe siècle. Pendant la période chrétienne et celle de la Réformation, la littérature ne compta guère que des chroniqueurs, comme Saxo-Grammaticus, ou des poètes qui puisaient en Allemagne leurs prétendues inspirations. Il faut arriver à Holberg, surnommé le père de la littérature danoise pour trouver un auteur véritablement national.

Holberg naquit à Bergen (Norvège) en 1684. Fils d'un colonel ruiné, il eut à lutter longtemps contre la mauvaise fortune avant d'obtenir, grâce à son instruction étendue et variée, une chaire d'éloquence à l'Université de Copenhague. Un poème héroï-comique, *Peder-Paars*, qu'il publia en 1720, et où il raille sans pitié les imitateurs d'Homère et de Virgile, lui donna tout d'un coup une célébrité qu'il avait en vain demandée à ses précédents travaux juridiques et historiques. Cinq satires, pleines de verve comique, suivirent de près *Peder Paars* et n'eurent pas moins de succès. C'est alors qu'il eut l'idée d'écrire pour la scène, idée qu'il mit à exécution au grand avantage de sa renommée et de sa fortune. Il est le Plaute, ou, si l'on veut, le Molière du Danemark. Ses comédies bourgeoises sont remarquables par leur originalité, par la manière adroite qu'il emploie pour châtier le ridicule et les travers de ses contemporains, par l'idée morale qui s'en dégage toujours. Le *Potier homme d'État*, le *Paysan métamorphosé en seigneur*, l'*Oisif affairé* et *Jean de France* sont les meilleures pièces d'Holberg, qui mit le comble à sa réputation en publiant le *Voyage*

[1] V. plus haut, chapitre III, le *Chant de mort de Ragnar Lodbrog*, p. 41.

de Niel Klim dans les régions souterraines, sorte de satire allégorique, où il s'attaque à tous les préjugés de son époque.

Tout en reconnaissant l'immense mérite des œuvres d'Holberg, les Danois ne cessaient point cependant de recourir constamment à l'imitation française et à l'imitation allemande. La nationalisation de la littérature se faisait lentement, bien que Frédérik V eût fondé l'Académie de Trondhjem et créé le premier théâtre de Copenhague. Les poètes Wessel (1741-1782) et Young (1728-1785) se déclarèrent enfin contre l'influence étrangère; Evald (1747-1781) donna à son pays sa première tragédie nationale, *Rolf Krage*; Zeitlitz composa un recueil de chansons ; Pram écrivit un poème épique en quinze chants, *Stærkodder*, le premier qu'ait eu le Danemark; Rahbek (1760-1830), fonda et dirigea pendant quinze ans le *Spectateur danois* ; enfin de nombreux travaux d'érudition mirent en relief les origines historiques. Il ne fallait plus qu'un homme de génie pour faire triompher définitivement le sentiment patriotique, et c'est à Œhlenschlæger que revient cette gloire. Baggesen, avec tout son talent, ne parvint pas à enrayer un mouvement auquel tout le monde applaudissait.

Adam-Gottlob Œhlenschlæger, le plus grand et le plus fécond des poètes danois, naquit au château de Frederiksberg près de Copenhague, en 1779. A l'âge de dix ans, il composait déjà de petits drames, qu'il jouait avec sa sœur et un de ses camarades. En 1799, il débuta sur la scène dans le rôle de Hamlet; il n'y obtint qu'un médiocre succès; mais s'étant épris de la fille du conseiller Heger, qu'il épousa plus tard, il se mit à composer des élégies, ce qui le ramena vers les lettres. Il connut précisément à cette époque un vieux savant, qui l'initia à l'étude des antiquités scandinaves, et, dès lors, il se passionna pour la lecture des traditions nationales, qui devinrent le fond de son inspiration. « Il s'est exercé dans les genres les plus divers, drames, comédies, opéras, romans, chants lyriques, poèmes mystiques et presque toujours avec un succès complet. Imagination riche et féconde, il semblait que la source de son inspiration fût inépuisable; l'effort lui semble inconnu, sa facilité tient du prodige. Le seul défaut de cette verve abondante, c'était l'excès; il ne sut pas la restreindre, et dans ce style si charmant, si souple, si gracieux, il y a les négligences de l'improvisation, comme nous en trouvons souvent chez notre Lamartine, cet autre enfant gâté de la muse. C'est surtout en mettant sur la scène les anciens héros scandinaves qu'il a conquis au théâtre la première place. Ses recherches se portèrent sur les mythes et les traditions primitives, contenus dans les Eddas et les Sagas; il s'inspira de ces données souvent obscures et vagues, les raviva, les rajeunit, leur donna un corps et les fit mouvoir sur la scène par la puissance créatrice de son génie [1]. »

Il a publié trois volumes de poésies lyriques, dont la plus belle partie est celle qui renferme les anciennes ballades. La ballade d'*Agnète*, que voici, est le récit d'une tradition répandue dans tout le Nord :

[1] Alfred BOUGEAULT, *Histoire des littératures étrangères*, t. I, p. 425-428 (Plon).

« Agnète est assise toute seule sur le bord de la mer, et les vagues tombent mollement sur le rivage.

« Tout à coup l'onde écume, se soulève et le *trolle* de mer apparaît.

« Il porte une cuirasse d'écaille qui reluit au soleil comme de l'argent.

« Il a pour lance une rame, et son bouclier est fait avec une écaille de tortue.

« Une coquille d'escargot lui sert de casque. Ses cheveux sont verts comme les roseaux, et sa voix ressemble au chant de la mouette.

« — Oh ! dis-moi, s'écrie la jeune fille, dis-moi, homme de mer, quand viendra le beau jeune homme qui doit me prendre pour fiancée.

« — Écoute, Agnète, répond le *trolle* de mer, c'est moi qu'il faut prendre pour ton fiancé, j'ai dans la mer un grand palais dont les murailles sont de cristal. A mon service, j'ai sept cents jeunes filles moitié femme, moitié poisson. Je te donnerai un traîneau en nacre de perles, et le phoque t'emportera avec la rapidité du renne sur l'espace des eaux. Dans ma retraite tapissée de verdure, de grandes fleurs s'élèvent au milieu de l'onde, comme celles de la terre sous le ciel bleu.

« — Si ce que tu dis est vrai, répond Agnète, si ce que tu dis est vrai, je te prends pour mon fiancé.

« Agnète s'élance dans les vagues ; l'homme de mer lui attache un lien de roseau au pied et l'emmène avec lui.

« Elle vécut huit années et enfanta sept fils.

« Un jour, elle était assise sous sa tente de verdure ; elle entend la vibration des cloches qui sonnent sur la terre.

« Elle s'approche de son mari, et lui dit : — Permets-moi d'aller à l'église, et de communier.

« — Oui, lui dit-il, Agnète, j'y consens. Dans vingt-quatre heures, tu peux partir.

« Agnète embrasse cordialement ses fils, et leur souhaite mille fois bonne nuit.

« Mais les aînés pleurent en la voyant partir, et les petits pleurent dans leur berceau.

« Agnète monte à la surface de l'onde. Depuis huit ans elle n'avait pas vu le soleil.

« Elle s'en va auprès de ses amies ; mais ses amies lui dirent : — Vilain trolle, nous ne te reconnaissons plus.

« Elle entre dans l'église au moment où les cloches sonnent ; mais toutes les images des saints se tournent contre la muraille.

« Le soir, quand l'obscurité enveloppe la terre elle retourne sur le rivage.

« Elle joint les mains, la malheureuse, et s'écrie : — Que Dieu ait pitié de moi et me rappelle bientôt à lui !

« Elle tombe sur le gazon, au milieu des tiges de violettes. Le pinson chante sur les rameaux verts, et dit : — Tu vas mourir, Agnète, je le sais.

« A l'heure où le soleil abandonne l'horizon, elle sent son cœur frémir, elle ferme sa paupière.

« Les vagues s'approchent en gémissant, et emportent son corps au fond de l'abîme.

« Elle resta trois jours au fond de la mer, puis elle reparut à la surface de l'eau.

« Un enfant qui gardait les chèvres trouva un matin le corps d'Agnète au bord de la grève.

« Elle fut enterrée dans le sable, derrière un roc couvert de mousse, qui la protège.

« Chaque matin et chaque soir, ce roc est humide, Les enfants du pays disent que le trolle de mer y vient pleurer[1]. »

Arpès Œhlenschlæger, Grundtvig, érudit et poète, s'occupa de la mythologie du Nord, et Ingemann mérita, par ses romans historiques, le titre de Walter Scott danois. Enfin tous les lettrés connaissent Hans Andersen, dont les contes ont été traduits en français et dont les poésies sont empreintes d'une originalité incontestable.

La Norvège, dont les destinées ont été si longtemps celles du Danemark, n'a pas de littérature spéciale: les écrivains qu'elle a produits appartiennent autant à Copenhague qu'à Christiania ; c'est ainsi que Bjœrnstjern Bjœrnson, le grand dramaturge norvégien de notre époque a été distingué par les Danois avant de l'être par ses compatriotes.

[1] Cette traduction est de MM. Marmier et Soldi (V. *Théâtre Danois*, libr. Didier).

CHAPITRE XI

LES BEAUX-ARTS EN DANEMARK

L'architecture au moyen âge. — Les peintres du XVIIIe siècle, — Ecklrsberg. — L'école danoise, ses qualités. — La sculpture. — Thorvaldsen, sa biographie, ses principales œuvres son musée, ses élèves.

Les arts du dessin ne se développèrent que très tard en Danemark. Au moyen âge, l'architecture produisit bien quelques œuvres remarquables, entre autres la cathédrale de Röskilde, mais les principaux édifices datent de la fin du XVIe siècle et du commencement du XVIIe. Le roi Christian IV, ami des arts autant que des lettres, fit élever le château de Frederiksborg, dont il fit dessiner les tapisseries par le peintre hollandais Karel van Mander.

Au XVIIIe siècle, le Danemark commença à compter quelques artistes de talent, qui, pour la plupart, allèrent chercher la gloire en dehors de leur patrie. Tels sont Ismaël Mengs, élève de Cooper, directeur de l'Académie de Dresde, renommé pour ses pastels et ses peintures en émail ; — Henri Krock, auteur d'une *Rencontre de Jacob et de Rachel*, qui est actuellement au musée de Copenhague ; — Pierre Andersen, peintre de la cour ; — Jens Juel (1745-1802), paysagiste et portraitiste ; — Nicolas Abildgaard (1744-1809), peintre d'histoire, auteur de *Philoctète*, d'*Ossian*, de nombreuses *Allégories*, de *Scènes* tirées d'Apulée, etc ; — C.-A. Lorenzen, peintre d'histoire ; — Adam Gielshup, paysagiste ; — la famille Lund, qui compta plusieurs peintres estimés, soit dans le genre historique, soit dans le genre mythologique, soit dans le paysage, soit même dans l'ornementation. Le goût des beaux-arts avait été favorisé et encouragé par la fondation de l'Académie Nationale en 1754.

Au commencement du XIXe siècle, Christophe-William Eckersberg, élève de David de 1810 à 1813, fut nommé à son retour professeur à l'Académie de Copenhague. Il exerça sur ses compatriotes une influence salutaire, et leur enseigna les principes du maître sous lequel il avait lui-même travaillé. Ses leçons ne furent point perdues. Il existe aujourd'hui une école danoise, et le gouvernement lui-même se plaît à prodiguer aux artistes ses deniers et ses encouragements. Presque tous les peintres sont élèves de l'Académie, qui est subventionnée par l'État, et qui délivre, après un examen sévère, un certificat donnant droit à concourir pour la petite ou la grande médaille d'or.

Marstrand [1], mort en 1873, occupe sans contredit la première place dans la peinture d'histoire et de genre ; après lui, viennent Charles Bloch [2], Exner [3], Otto Bache, Kroyer et Vernehren. Les meilleures compositions de l'école danoise reproduisent des scènes de mœurs locales et des sujets familiers. Elles sont traitées avec une naïveté charmante ; les sujets en sont simples, ce qui ne veut pas dire qu'ils

[1] Auteur du *Festin du roi*, de la *Réunion politique*, etc.
[2] Auteur du *Roi captif*, du *Moine plumant ses poules*, etc.
[3] Auteur du *Déjeûner*, et de la *Petite Convalescente*.

soient insignifiants ; elles expriment des sentiments purs, élevés, et ne pèchent jamais par la coquetterie, la mignardise, ou l'élégance apprêtée ; et l'on ne saurait nier que cette peinture pleine de conscience, de franchise, de bonhomie, ait une originalité touchante. Le plus grand des paysagistes danois, mort en 1876, est Skoogaard, dont les meilleures toiles sont : *le Vieux chêne au nid de cigogne*, et *Avant l'orage*, qui appartiennent tous deux à la galerie royale de Christiansborg.

Le plus célèbre des sculpteurs danois est Albert Thorvaldsen, fils d'un ouvrier charpentier, né en Islande, et venu de bonne heure à Copenhague. Dès l'âge de douze ans, il se faisait remarquer par son assiduité à une classe gratuite de dessin, dont il remportait les premiers prix chaque année. En 1789 au concours de Rome, il obtint le second prix. Son père considéra sans doute ce succès comme un échec, car il résolut de retirer le jeune homme de l'Académie, pour le faire travailler avec lui dans son atelier. Thorvaldsen, fils respectueux, aurait obéi sans récriminer, mais son professeur Wiedvelt fit entendre raison au charpentier, et en 1790, Albert obtint, avec le premier prix, le titre de pensionnaire de Rome. Par malheur, le Trésor était vide : il fallut trois ans pour réunir les fonds nécessaires au voyage du lauréat, qui dut, pour vivre, donner en attendant des leçons de dessin, et fabriquer des statuettes. Enfin, le 20 mai 1793, une frégate de l'État partit pour l'Italie.

Thorvaldsen arrivé à Rome, entra dans l'atelier de Canova. Les succès qu'il y obtint l'encouragèrent à voler de ses propres ailes et à s'installer chez lui ; mais il s'était trop pressé. Ses dépenses ne se trouvaient pas en rapport avec ses faibles ressources ; il tomba dans le découragement, et il allait retourner à Copenhague, lorsqu'un amateur anglais, qui était venu visiter son atelier, lui donna une commande importante. A partir de ce moment, l'artiste n'eut plus besoin de lutter pour l'existence. Son génie put arriver à son complet épanouissement, et la gloire arriva en même temps que la richesse. L'aristocratie romaine accueillit à bras ouverts le sculpteur, dont la physionomie calme et énergique rappelait ces rois de mer scandinaves chantés dans les Sagas.

Au milieu de ses succès de tous genres, Thorvaldsen n'oubliait pas sa patrie. Son plus grand désir était de revoir la ville où il avait souffert de la faim et de la misère, d'où il était parti presque ignoré, et où son nom maintenant courait sur toutes les lèvres. Il s'embarqua donc pour le Danemark, en 1819, et, pendant un an, il reçut partout l'accueil le plus chaleureux. « Le fils de l'humble ouvrier rentrait à Copenhague comme un prince dans sa capitale, après la conquête d'une province. C'est là que son cœur l'aurait retenu, s'il n'avait pas voué sa vie à l'art qu'il avait illustré et enrichi. Mais son œuvre inachevée l'appelait à Rome, et il y retourna, sacrifiant noblement son bonheur à son devoir. Ses affections cependant, restèrent à Copenhague. Il avait compris que, s'il était admiré ailleurs, c'est là qu'il était aimé, et il y envoyait les plus purs des chefs-d'œuvre qu'il enfantait chaque année. C'est de cette période, qui dura dix-huit ans, que datent les statues colossales du *Christ et des douze apôtres*, qui ornent l'église de Notre-Dame, et qui n'ont d'égales dans la statuaire moderne que le *Moïse* de Michel-Ange, et le *Milon de Crotone* de Puget [1].

Lorsqu'il atteignit l'âge de soixante-huit ans, il quitta de nouveau la ville éternelle pour ne plus la revoir. Revenu en Sjalland, il fut nommé président de l'Académie des Arts, logé dans le palais de Charlottenborg, et mourut en 1844, emportant dans la tombe les regrets de la cour, les sympathies du peuple, l'admiration universelle. Il lègua par testament à sa ville natale ses collections artistiques et toutes les œuvres d'art qu'il possédait. Conformément à son désir, ce legs important fut installé dans un musée spécial, construit en forme de cénotaphe et portant le nom du grand sculpteur.

Nous citerons parmi les œuvres si nombreuses de Thorvaldsen : les statues de *Copernic*, de *Guttemberg*, de *Maximilien Ier de Bavière*, de *Pie VII*, du *Prince de Leuchtenberg* ; — le *Christ et les douze Apôtres* ; — la *Vénus*, l'*Hébé*, l'*Amour triomphant*, la *Psyché*, la *Ganymède* ; — la *Danse des Muses* sur l'Hélicon, *Priam demandant à Achille le cadavre d'Hector*, *Achille et Patrocle*, *Minerve et Ulysse*, les *Adieux d'Hector et d'Andromaque* ; — *Pan enseignant à un satyre à jouer de la flûte*, la *Bacchante*, *Hylas et les Nymphes*, l'*Amour et le Cygne*, la *Nuit*, le *Jour*, les *Grâces écoutant le chant de l'Amour* ; — les bustes de *Walter-Scott*, de *Lord Byron*, de *Horace Vernet*, d'*Œhlenschlæger*, de *Frédéric VII*.

La sculpture danoise a depuis suivi presque exclusivement les traditions du maître, qui a eu pour élèves H.-V. Bissen, mort en 1868, M. Smith, M. Jérichau, M. Peters et M. Prior.

[1] *Du Danemark*, par A de Flaux, p. 85 (Firmin-Didot).

CHAPITRE XII

LES DANOIS

Type physique. — Qualités morales et chant guerrier du peuple danois

Les Danois présentent un spécimen assez pur du type germanique. Ils ont une taille élevée, la peau blanche, les yeux d'un bleu pâle, les cheveux très clairs, et l'on rencontre encore parfois sur les côtes des pêcheurs aux formes athlétiques, qui rappellent les farouches Vikings du moyen âge. Ils sont alertes, courageux, patients, pleins de bon sens ; mais sous une physionomie froide, ils cachent une âme ardente : ils ont montré, en se battant contre la Prusse et l'Autriche, qu'ils sont aussi braves à la défense que leurs ancêtres le furent à l'attaque, et leur hymne guerrier n'est pas celui d'un peuple qui consentirait à mourir.

« Flotte fièrement sur les eaux de la Baltique, Danebrog [1], rouge comme le sang ! La nuit ne cachera pas ton éclat ; la foudre ne t'a pas abattu ; tu as flotté sur des héros qui sont tombés au sein de la mort ; ta croix blanche a élevé jusqu'aux cieux le nom de Danemark. Tombée du ciel, ô sainte relique, tu yas conduit des héros, tels que le monde

[1] Drapeau national des Danois.

en voit rarement. Tant que la Renommée parcourra les terres et les mers, tant que résonnera la harpe scandinave, ta gloire ne mourra pas. Frémis vaillamment au bruit du combat, frémis en l'honneur de Juel. Quand le tonnerre gronde et t'enveloppe dans ses roulements, chante le brave Tordenskjold, et, si tu voles vers le ciel, embrasé par la foudre, parle devant les étoiles du brave Hvitfeld. A chaque étoile qui brille, tu peux nommer un héros, mais pas un qui efface ton grand Christian IV. Il se tient, en habits de victoire, à l'entrée des régions de la lumière et reçoit les héros qui viennent visiter Otto Rud et Absalon... Déploie fièrement tes couleurs sur les côtes danoises, sur la côte indienne et dans les pays barbares. Écoute la voix des flots; elle célèbre tes louanges et la gloire de tes défenseurs. Ceux qui te restent se gonflent d'orgueil à ton nom et veulent aller au-devant de la mer en ton honneur. Marche donc sur les mers. Jusqu'à ce que les cuirasses du Nord volent en éclats, jusqu'à ce que s'éteignent tous les cœurs danois, tu n'iras pas seul [1]. »

La qualité maîtresse des Danois, c'est le calme; non le calme flegmatique des Anglais (aucun peuple ne sent plus vivement que le peuple danois), mais un calme fait de douceur bienveillante. Tous ceux qui visitent Copenhague sont frappés de cette atmosphère de tranquillité que rien ne vient assombrir. « Une dispute, écrivait dernièrement un touriste, une discussion, un échange de termes vifs

[1] V. sur le patriotisme des Danois : *le Danemark* (1814-1861), par le colonel MARNIER (Paris, in-8°, 1862) (Dentu).

sont chose tellement rares, qu'on n'en citerait pas dix exemples dans toute une année. Un mot, d'ailleurs, un mot que l'on entend partout, dans les quartiers les plus riches comme les plus pauvres, qui donne à lui seul la mesure non seulement de ce sentiment de paix, mais encore d'un sentiment plus élevé, celui de la courtoisie, est le mot : *Vær saa god*, locution dont on se sert en toute occasion, à tout propos. Que ce soit un passant qui vous dérange, que ce soit un maître donnant un ordre à son domestique ou le domestique demandant une instruction à son maître, l'appel fait en pleine rue à un cocher de tramway ou l'interpellation d'un cocher de fiacre à un gamin, c'est toujours le même mot qui revient : *Vær saa god*, ce qui veut dire : *Soyez assez bon*. Soyez assez bon pour vous déranger, soyez assez bon pour obéir à tel ordre, soyez assez bon pour payer votre place, soyez assez bon pour ne pas vous faire écraser. Cette locution préliminaire établit dans les mœurs l'égalité de la politesse, et, si l'on passe de la rue à un intérieur danois, ce sentiment de courtoisie devient un sentiment exquis de bienvenue et d'hospitalité. » Qu'on interroge sur ce point les médecins français qui ont assisté au dernier congrès international tenu à Copenhague ! Ils répondront que les Danois ne sont pas seulement des gens polis et bien élevés, mais qu'ils brillent aussi par leur honnêteté scrupuleuse : la race des pick-pockets n'a pas encore poussé de rejetons dans les rues de la grande cité Sjallandaise.

Un peuple n'est pas en décadence lorsqu'il est doué de qualités aussi solides et lorsqu'il développe sa moralité par l'instruction. Peu de nations sont aussi éclairées que cette petite mais brave nation, dont certaines puissances voudraient se partager le territoire, comme si le Danemark était une nouvelle Pologne : à la campagne, comme dans les villes, tout le monde sait l'histoire nationale, et le rideau du théâtre royal de Copenhague porte cette inscription significative : « Pas seulement pour le plaisir. » C'est grâce à cette culture intellectuelle que le Danemark a toujours eu profondément le sentiment de son devoir autant que celui de son droit; il représente bien la cause doublement sacrée de la justice dans la faiblesse, et, loin d'avoir décru avec sa puissance, son patriotisme a puisé de nouvelles forces dans la diminution du pays. « Plus on lui a enlevé d'hommes, plus on lui a donné de cœurs, et il a mieux encore prouvé sa grandeur morale dans ses revers que dans ses succès. » M. Victor Fournel écrivait, au retour d'un voyage en Danemark (1868), les lignes suivantes que nul voyageur n'a contredites et que toutes les relations, au contraire, se plaisent à confirmer :

« J'emporte un souvenir impérissable de cette bonne, honnête et loyale nation, qui nous aime, qui croit en la puissance de la presse, qui, dans sa défaite, vaincue mais non abaissée, garde obstinément l'ardent espoir de la revanche; qui reste grande, malgré sa petitesse, par ses vertus politiques et civiles, par sa dignité, son esprit national et la façon dont elle comprend l'alliance du respect de l'autorité avec le culte de la liberté. Cette race est, comme la poésie de ses anciens bardes, simple et forte, chaste et guerrière. Elle unit la réflexion à la persistance ; elle exécute avec décision ce qu'elle a mûri avec calme ; rien n'est plus étranger à son tempérament que la mobilité inquiète, les élans superficiels, vagabonds et désordonnés des races méridionales. Fidèle, jusqu'au sein du progrès, à toutes les traditions du passé, elle aime d'un égal amour le sol natal et le foyer domestique, et porte dans le patriotisme ses vertus de famille. Fière et naïve à la fois, alliant un reste de rudesse scandinave à une bonhomie affectueuse et cordiale, hospitalière comme aux âges héroïques, et courtoise comme aux temps de la chevalerie, voilant un grand fonds de tendresse et d'enthousiasme sous l'apparente froideur du Nord, comme la verdure du sol natal se cache sous la neige, pour s'épanouir aux premiers rayons du soleil printanier, elle a l'instinct des choses nobles, qui respire en tous ses poèmes la sève et la fraîcheur à demi-sauvages de sa nature sans éclat, mais vigoureuse et salubre [1]. »

C'est dans les plaisirs, dans les amusements surtout, qu'il faut étudier les peuples, si l'on veut apprécier exactement leur moralité. Or, dans le Jylland et dans les îles danoises, on n'aime que les joies saines et douces, la vie s'écoule calme et simple au sein de la famille ; l'inconduite et le vice se cachent honteusement. Les amusements honnêtes suffisent aux exigences du public, qui éprouve rarement quelque sympathie pour les joies douteuses ou bruyantes. Peu leur importe qu'on les traite de

[1] Victor Fournel, *le Danemark contemporain, Études et souvenirs d'un voyageur*, p. 94.

naïfs dans des pays plus puissants et plus vastes! En hiver, le bourgeois de Copenhague mène sa femme et ses enfants au spectacle ou dans quelque maison amie; l'été, il les conduit à Tivoli, cet immense casino dont nous avons parlé dans un précédent chapitre, et où des milliers de personnes se distrayent avec la modération qui caractérise le peuple danois tout entier. La partie la plus jeune, ou du moins la plus gaie de la population, celle qui fréquente les bals publics observe même dans ces établissements, une réserve qui n'est pas encore de mode à Paris ou à Londres. D'ailleurs, il y a très peu de bals publics à Copenhague, et l'on préfère à toutes les distractions l'audition d'un opéra, d'une comédie ou d'un drame, bien que les auteurs indigènes n'oublient jamais d'instruire et de moraliser en amusan t.La profession d'acteur est tenue pour tout aussi honorable qu'une antre, et un artiste qui vit sans désordres est accueilli partout avec les plus grands égards. Plusieurs célébrités de la scène ont occupé de notables positions dans l'armée, la magistrature, le barreau, le gouvernement, les professions libérales et les sciences, avant de se faire au théâtre les interprètes des œuvres du génie.

Au printemps, on se sauve à la campagne, au milieu des bois où les oiseaux gazouillent par milliers, car, là-bas, on ne les tue point pour le plaisir de les tuer : les paysans vont jusqu'à leur épargner au temps des neiges les horreurs de la faim, et attachent aux branches dénudées des arbres des bouquets de millet. « De pareils traits, dit M. Comettant, peuvent paraître puérils à certaines personnes; aux yeux du moraliste et du philosophe, ils sont toute une révélation. Pour ma part, j'ai été bien agréablement ému en parcourant l'île d'Alsen, qui n'était alors qu'un immense tapis de neige, de voir des bandes de petits oiseaux voltiger en gazouillant de joie autour des bouquets de millet qu'une main providentielle avait apportés le matin. Quand des hommes de cette douceur déploient devant l'ennemi le courage que je leur ai vu déployer, il faut leur rendre hommage. Ce sont des hommes, comme dit Shakespeare [1]. »

Il existe dans les campagnes une fête qui se célèbre le 1er mai, et qui porte le nom de *Ride sommer i By*, ce qui signifie littéralement : « *Introduire* le printemps dans le village. » Les garçons et les filles de chaque bourg se parent de leurs plus beaux habits : celles-ci attachent à leurs corsages les premières fleurs des champs, ceux-là garnissent leurs chapeaux de rubans multicolores. Des délégués vont dans les fermes pour récolter des œufs, du jambon, des volailles, des galettes, et rapportent toutes ces victuailles pour en composer un immense banquet. Le jour de la cérémonie venu, on se rassemble sur la place et l'on se rend, musique en tête, au lieu désigné. Les chants, les danses et les jeux commencent sous les yeux des vieillards, qui regardent en souriant et en hochant la tête ces amusements auxquels ils ont pris part quand ils étaient jeunes. Puis, un *roi du printemps*, élu à la majorité des suffrages, choisit une reine, qui, pour diadème, ceint une couronne de coquelicots et de bluets. Rien de plus charmant à voir que cette pe-

1 Oscar Comettant, *le Danemark tel qu'il est*, p. 288.

tite fête annuelle, qui se célèbre sur tout le territoire sans coûter un denier à l'État.

Les femmes danoises sont généralement belles. Elles ont une tournure à elles, « déterminée par un certain petit mouvement d'ondulation, qui n'est ni le mouvement ondulatoire des Françaises, ni celui des Anglaises, et qui se rapproche plutôt de celui des Américaines du Nord. » Elles sont très simplement vêtues ; mais la simplicité de leur mise fait ressortir davantage leur fin sourire, leurs dents blanches, leurs yeux azurés, leur chevelure soyeuse et abondante ; le faux chignon n'est pas à l'ordre du jour, bien qu'il remporte, hélas ! depuis quelques années des succès significatifs. Quant aux mariages, voici comment ils se font en Danemark, d'après M. Comettant, qui visita le pays il y a une vingtaine d'années [1].

« En Danemark, où les hommes n'ont pas encore songé à vendre leur nom pour une dot, tous les mariages sont ce que la nature et la morale voudraient qu'ils fussent partout, des mariages d'inclination. Le jeune homme dont la position n'est pas encore faite, ne renonce pas pour cela à s'unir à la jeune fille dont l'innocence et les attraits sont l'unique capital. Après s'être fait, —presque toujours devant les parents de la jeune fille, — le doux aveu de leurs sentiments respectifs, le jeune homme annonce ses intentions matrimoniales et sollicite la faveur d'être fiancé. Les parents acceptent, et à partir de ce moment, la plus grande liberté est accordée au couple. Ils vont seuls au spectacle ou à la prome-

[1] L'extrait intéressant qu'on va lire n'a rien perdu de sa vérité.

nade et sont constamment ensemble aussi rapprochés l'un de l'autre que possible, trouvant long le temps où le pasteur bénira leur union dont les fiançailles ne sont que le chaste denier à Dieu. Un homme passe, à juste titre, pour indélicat lorsqu'après avoir vécu dans l'intimité d'une fille honnête, sa fiancée, il convole à « d'autres flirtations », comme disent les Américains. Pourtant, il faut en convenir, il est des hommes assez peu soucieux de l'opinion publique et assez volages pour s'être fait un jeu de ces préludes de mariage, dont ils ont osé dire qu'ils les préféraient au mariage même. On m'a cité, à Copenhague, un vieux célibataire qui n'a pas été fiancé moins de treize fois, — un chiffre cabalistique. — J'ai aussi ouï parler avec indignation d'une tourterelle sur le retour en rupture de banc de fiançailles, après dix-huit ans de bonnes promesses. Au moment de s'unir définitivement à son fiancé, frais et blond autrefois, mais dont les années avaient jeté de la cendre sur l'ondoyante chevelure et de la brique pilée sur le nez, devenu plantureux, elle eut l'audace de demander encore du temps pour réfléchir. Puis elle épousa un tout jeune homme, sans parents, sans conseils et sans expérience, qu'elle surprit dans ses affections naissantes comme on prend la pie au nid. Quand elle croyait mériter la colère et les ressentiments de son ancien fiancé, elle ne fut pas peu surprise de le voir au temple le jour où le pasteur allait bénir cette éclatante indélicatesse. Il lui serra la main avec plus de plaisir que jamais en lui disant à la dérobée ces mots, qui peignent toute la situation :

— Ah ! madame, quel service vous me rendez !

A quoi la tendre mariée répondit avec effusion :

— Ah ! Henrick, j'aime ce garçon parce qu'il me rappelle ce que vous étiez il y a vingt ans.

La confirmation en Danemark est la cérémonie religieuse qui fait d'une petite fille sans importance une jeune personne bonne à marier. Avant la confirmation, la Danoise est vêtue de robes courtes, et on la voit se rendre à l'école le sac sur le dos comme un soldat de la ligne. Dans ce sac de cuir de bœuf retenu sur le devant de la poitrine par des brides, l'écolière non encore confirmée renferme tous ses livres de classe et ses cahiers de devoirs. Après la confirmation, le sac d'école disparaît, une crinoline donne à la jeune nubile l'ampleur qui manquait à ses ajustements, et sa physionomie elle-même prend un air plus sérieux. Désormais, c'est une demoiselle qui ne demande pas mieux que d'être une dame, et qui le sera, je l'espère pour elle, à moins pourtant qu'un jour, fatiguée d'attendre le bonheur qui flâne en route, enveloppée de sinistres pensées, elle ne se marie avec la mort et ne fasse la noce au bout d'une corde, ce qui n'est pas rare en Danemark, où le suicide est plus fréquent que partout ailleurs. »

La coutume d'offrir des cadeaux à la nouvelle mariée s'est perdue à Copenhague, mais elle se maintient dans quelques contrées. Dans certains villages, les cadeaux de noce ne manquent pas d'originalité. On offre à la future un porc, une brebis et une vache. Le fiancé reçoit un poulain, un chien, un chat et une oie. Ces animaux sont évidemment emblématiques, et doivent être un enseignement pour le couple qui entre en ménage.

Aux yeux du Danois, assez poète pour ne pas se laisser dominer par le positivisme, et assez positif pour ne pas se laisser égarer par les séductions de l'idéal, la femme est une femme, c'est-à-dire une maîtresse pour son cœur, un conseiller pour sa raison, une mère pour ses enfants. Aussi l'adultère est-il presque inconnu en Danemark tant du côté des hommes que de celui des femmes. Les femmes sont absolument respectées, comme au temps où la politesse était au rang des vertus, et les hommes ont conservé quelque chose de l'esprit chevaleresque d'autrefois. Ils ne portent pas ce masque froid qui trahit la fatigue et la préoccupation des affaires [1].

[1] *Huit jours en Danemark*, par Ch. Joliet.

LA
SUÈDE ET LA NORVÈGE

Gustave Wasa.

DEUXIÈME PARTIE

LA SUÈDE & LA NORVÈGE

CHAPITRE I

ASPECT GÉNÉRAL DE LA PÉNINSULE SCANDINAVE

Montagnes de la Scandinavie. — Littoral suédois et fjords norvégiens. — Lacs et fleuves. — Chutes de Trollhättan. — Climat scandinave. — Soleil de minuit. — Faune et flore.

La presqu'île Scandinave embrasse deux États distincts, bien que gouvernés par le même roi. Non seulement la Suède et la Norvège (*Sverige* et *Norge*) ont une constitution particulière, mais encore sous le rapport géographique, elles forment deux régions complètement différentes : la Suède est un pays de plaines, la Norvège un pays de plateaux et de montagnes. Le faîte Scandinave, long de 1,900 kilomètres, est coupé par des brèches nombreuses qui font comuniquer les deux versants; il ne ressemble point à une chaîne continue : il consiste en une succession de plateaux et de massifs séparés. Dans le Finnmarck, il fait presque entièrement défaut ; on ne trouve là que des cimes d'une hauteur variable, comme le Raste-Gaize (850 m.) et les promontoires abrupts qui s'avancent dans l'Océan glacial, à l'extrémité des petites presqu'îles norvégiennes : les principaux de ces promontoires sont le Nord-Kyn ou Kimerodden, la pointe la plus septentrionale de l'Europe et le cap Nord, qui appartient à l'île granitique de Magero. C'est au-dessous de cet endroit que commence le Kjolen, dont le plus haut sommet est le Sulitjelma (1,830 m.) qui alimente des glaciers et qu'un lac sépare du mont Saulo, non loin duquel est le Svartisen (glacier noir), le plus grand névé de la Scandinavie septentrionale. Voici l'altitude des principaux monts du Kjolen : Raste-Gaize (862 m.), cap Nord (308 m.), Seiland (942 m.), Sulitjelma (1,880 m.), Saulo (1,698 m.), Kjolhong (1,280 m.), Sylfjeld (1,790 m.), Faxe-bjeld (940 m.). A partir du plateau marécageux de Trondhjem, le faîte se prolonge dans la direction du sud-est, entre en Suède et s'abaisse graduellement jusqu'au lac Weltern. Quelques collines isolées se dressent sur les rives même de la Gothie.

Au delà de Trondhjem, tout le reste de la Norvège a une altitude plus qu'ordinaire, et c'est là que s'élèvent les plus hauts sommets de la péninsule Scandinave : le Dovre, les Langfjeld, les Jotunfjeld, (monts des géants), le Hardangerviddc, les Oplande, les monts d'Ovre-Télémark et ceux du Saetersdam. Le massif des Jotun-fjeld mérite bien sa qualification, car un de ses sommets, le Galdhöpiggen domine l'Atlantique de plus de 2,600 mètres.

Bien que les aspérités de la Norvège ne puissent rivaliser, sous le rapport de l'élévation, avec les pics des Alpes et des Pyrénées, elles contiennent néanmoins, en raison de leur rapprochement du pôle, des amas de neiges perpétuelles plus considérable que ceux de la Maladetta et du mont Blanc. La limite de ses neiges varie avec la latitude, mais elle diffère aussi sur les deux versants en raison de la distance plus ou moins grande dont le faîte est de l'Océan. Le voisinage des mers a sur les saisons une influence modératrice qui est surtout remarquable dans la Scandinavie ; au lieu que les ports de la Baltique sont fermés chaque année par les glaces, ceux de la Laponie, situés sous une latitude plus boréale, restent constamment ouverts. C'est à cette cause qu'il faut attribuer les différences que présentent la végétation des deux pays et la hauteur des neiges persistantes sous un même parallèle.

« Les montagnes de la Norvège, vues de la mer, frappent le spectateur par leurs arêtes noires, leurs couloirs neigeux, leurs terrasses blanches se confondant avec les nuages ou contrastant avec le ciel bleu. Chaque année plus nombreux, les voyageurs, anglais pour la plupart, viennent contempler ces rangées de sommets ; mais dans leur ensemble, elles doivent à leur architecture même d'offrir des paysages beaucoup plus monotones que les Alpes et les autres chaînes de montagnes européennes. Les plateaux de 1000 à 1.500 mètres de hauteur, que la neige ne recouvre plus en entier pendant l'été, et que l'on connaît, suivant les provinces, sous les noms de Hede ou « Bruyère » et de Viddene ou « Etendues », sont des espaces mornes, plus désolés que le désert. Seulement quelques hauteurs neigeuses, pareilles à des tentes posées sur le plateau, apparaissent çà et là. Des flaques blanches non encore fondues se voient à l'ombre des grosses pierres et parmi les amas de cailloux ; des roches brisées par le dégel parsèment le sol comme les dalles d'un édifice ruiné, au pied de chaque saillie du roc se sont amoncelés les débris. La terre est une argile rougeâtre et gluante, où l'on ne marche qu'avec peine; des tourbes, des prairies tremblantes se sont formées dans les bas-fonds, et des eaux noires cheminent paresseusement d'étang en étang, cherchant la pente d'où elles pourront se précipiter dans les basses vallées. La végétation n'est représentée que par des mousses, des lichens, d'humbles graminées; des genèvriers, de petits saules même se montrent dans les endroits bien abrités; mais les traces de l'homme sont absentes; si ce n'est dans les rares endroits où des routes, serpentant à l'abri des monticules, évitant les marécages, franchissant le plateau pour réunir les deux versants.

« A la base des montagnes, on se croirait dans une autre nature, et du moins l'on est déjà sous un autre climat. Là séjourne l'homme, et sa demeure se voit au milieu de la verdure des arbres, à côté des eaux ruisselantes. Du côté de la mer, les escarpements du plateau se montrent dans toute leur hauteur; on les suit du regard, en remontant des éboulis qui cachent le pied des roches aux aiguilles de l'arête d'écroulement qui limite le plateau : quelques croupes neigeuses apparaissent entre les saillies les plus élevées ou se confondent avec les nues du ciel. Mais c'est l'opposition de la surface unie des golfes et des roches abruptes qui s'y reflètent, c'est le panorama toujours changeant des fjords, ce sont les promontoires entourés d'écueils, les archipels d'îlots, le dédale des bras de mer, qui donnent aux tableaux du littoral norvégien leur étrangeté sauvage. Nulle part dans le reste de l'Europe, pas même entre les longues péninsules irlandaises de Kerry, pas même dans les firths écossais gardés par les promontoires basaltiques, les montagnes, entre lesquelles serpentent les eaux marines, ne se dressent plus grandioses et terribles. Le navire qui pénètre dans les sombres avenues des fjords, entre des parois de rochers presque verticales, apparaît d'en haut comme un insecte qui se débat au fond d'un puits. Le Bakk-fjord, qui s'est ouvert du nord au sud, sur la côte méridionale, entre Stavanger et Lindesnæs, n'est qu'une fissure, une « fente du sol », comme les canons du Colorado. De même, le Lyse-fjords, à l'est de Stavanger, et les grandes avenues convergeant vers Christianssund, ressemblent à des fossés rectilignes creusés en abîmes dans l'épaisseur des roches[1]. »

La péninsule scandinave, qui tient au continent par le nord-est, est située entre 55° 25′ et 71° 15-latitude nord, entre 2° 15′ et 28° 45′ longitude est. Elle est longue de 1850 kilomètres, du cap Falsterbo au cap Nord, et sa plus grande largeur est d'environ 640 kilomètres. Le golfe de Bothnie, partie, septentrionale de la Baltique, s'étend jusqu'à l'archipel d'Aland et sert de limite à la Suède sur une longueur de 650 kilomètres ; entre Uméa et Nikolaistad, il n'a que 75 kilomètres de largeur et forme le détroit de Qvarken. Il est peu profond, rempli d'écueils, et il se congèle chaque année : aussi est-il possible, en hiver, d'aller d'Upland en Finlande sur la glace. La Baltique, le Sund, le Kattégat et le Skager-Rack bordent, au sud-est, au sud et au sud-

[1] Reclus, *op. cit.*, p. 67

ouest, la péninsule Scandinave, dont les côtes occidentales sont baignées par la mer du Nord. C'est dans la Baltique que se trouvent les archipels d'Aland et d'Albo, les îles de Götland, d'Oland et de Bornholm.

Le littoral suédois a un développement de 2,500 kilomètres ; il est escarpé, parsemé d'écueils ou de récifs à fleur d'eau, profondément découpé en petite baies. On a constaté un changement progressif dans sa hauteur : au nord, le continent s'est élevée d'une manière sensible ; au sud, il s'est immergé de plus en plus, tandis qu'une ligne transversale, vers la latitude de Solvitsborg reste absolument stable[1].

La côte norvégienne est fantastiquement découpée ; c'est un long feston de granit, où mugissent les vagues contrariées, une succession de rivages sans grèves, de criques, d'anses, de baies, dont aucune ne se ressemble : ici, le roc s'est dentelé comme un scie ; là, les flots se sont ouvert un passage entre deux hautes murailles à pic ; ailleurs, le fjord s'est ramifié à droite et à gauche en canaux plus ou moins larges, que dominent des sapins du nord. Des barrages rocheux se succèdent de distance en distance, de la bouche des fjords à leur extrémité supérieure, et quelques-uns de ces golfes ont été ainsi divisés en parties distinctes : en amont, le fjord s'est transformé en lac d'eau douce, sous l'influence de la fonte des neiges, des pluies et de l'apport des rivières ; en aval, il a gardé son eau saline. D'autres barrages, sortes d'amas sous-marins, ne s'élèvent pas jusqu'à la surface. Les recherches des géologues

[1] GRÉGOIRE, *Géographie générale*, États Scandinaves. (Garnier, frères.)

ont démontré que la plupart de ces obstacles sont des moraines semblables à celles que les anciens glaciers ont laissées au pied des montagnes, dans les vallées émergées, et que les fjords scandinaves, antérieurs à l'époque glaciaire, ont pu conserver leur forme primitive grâce aux masses d'eau cristallisée dont ils étaient pleins. C'est lorsque les glaces se retirèrent, laissant derrière elles les moraines, que la mer pénétra dans les golfes norvégiens. Comme les fjords ne sont que la continuation des vallées intérieures et que les fleuves apportent leurs alluvions dans les baies, il en résulte que la terre ferme gagne constamment, au désavantage de l'Océan. Aussi les identations du littoral sont-elles appelées à s'amoindrir peu à peu.

On a comparé la Scandinavie à une vague colossale qui se serait subitement figée au moment de déferler. Le corps ascendant de la vague serait la Suède, doucement inclinée vers la Baltique ; sa chute serait la Norvège, versant abrupt, terminé par des falaises élevées, bordé par une multitude d'écueils et d'îles, que l'on regarde comme détachés du continent par la force des flots : telles sont les îles Lofoten et les îles Tromsö, pour ne citer que les plus considérables. Les fjords qui échancrent ces falaises sont ceux de Stavanger, de Bükke, de Hardanger, de Bergen, de Sogne, d'Ise, de Trondhjem, de Folden, de Salten, de Porsanger, de Tana et de Waranger. La côte norvégienne mesurerait en ligne droite environ 2,500 kilomètres : elle doit à ses sinuosités un développement quatre fois plus considérable. Quoique située dans le voisinage du pôle, elle jouit d'un climat modéré, grâce au Gulf-stream, toujours tiède de sept à huit degrés et sans lequel l'industrie de la pêche serait impossible dans des parages aussi septentrionaux.

Les îles Lofoten forment un long chapelet d'îles et d'îlots de granit, se dirigeant du sud-est au nord-est sur une ligne distante de plusieurs kilomètres de la côte norvégienne. Leur superficie, en y ajoutant celle des Wester-Aalen, qui leur font suite, a 5,820 kilomètres carrés, et elles renferment une population de trente-cinq mille habitants. Leur configuration est étrange, leurs découpures bizarres : c'est un fouillis de pointes bleues et blanches, se hérissant dans tous les sens, comme des aiguilles. Dans des anfractuosités de rochers pourrissent de vieilles carcasses de bateaux à moitié démolis, et, sur la surface libre des roches plates, des morues en train de sécher sont suspendues à des perches ou empilées en pyramides. Çà et là, des flaques de neige, mais pas la moindre trace de végétation. De la côte, on aperçoit des collines de forme irrégulière, des pics aigus, des rocs d'un violet sombre, se découpant sur un ciel froid, dont la vue seule vous donnerait l'onglée, si la température ne se chargeait complaisamment de ce soin. Naturellement, les habitants de ces régions désolées ne demandent pas leur vie à la terre, qui resterait improductive en dépit de leurs efforts. La mer seule leur est clémente ; tout est donc organisé pour la pêche, rien que pour la pêche, et il n'y a que des pêcheurs dans ces barraques plantées, au hasard, sur le sol aride des Lofoten.

Les lacs et les étangs couvrent le treizième de la superficie totale des royaumes de Suède et de Norvège; entre Stockholm et Norrköping, dans le Södermannland, ils sont « aussi nombreux que les arbres dans la forêt ». D'ailleurs, toute la Suède méridionale est dans une situation presque semblable, puisque la surface lacustre y occupe plus de la huitième partie du sol. Les lacs scandinaves sont entourés de forêts silencieuses qui viennent y refléter les branches du sapin, du bouleau et du chêne; çà et là des quartiers de roche ou des roseaux s'élèvent au-dessus de la surface, et il est rare que des habitations humaines animent la solitude de leurs rivages. Le Wenern est le plus grand des lacs de la péninsule; il est à l'altitude moyenne de 44 mètres, mais dans ses parties les plus profondes, la sonde en a mesuré 89. Le Wettern a une profondeur de 126 mètres, et le Hjelmaren est supérieur de 24 mètres seulement à la surface marine. Quant au lac Mälaren, il se compose de bassins séparés, ayant chacun son niveau propre, et il communique encore avec la mer par l'une de ses extrémités. Outre les bassins lacustres de la Suède méridionale, on compte encore, dans le reste de la Scandinavie, trente-cinq lacs, dont les principaux sont ceux de Lulea, de Stor, de Tornea, de Storsjö, de Siljan et de Mjösen. Ce dernier est le plus vaste de la Norvège.

Les rivières alimentées par les lacs ne sont elles-mêmes, en général, qu'une suite de bassins, tantôt larges, tantôt étroits, et affectant des formes diverses. Elles ne se prêtent pas toujours à la navigation, surtout en Norvège, où elles se précipitent plutôt qu'elles ne descendent vers la mer. Les cascades des cours d'eau suédois sont moins pittoresques que les rapides des fleuves norvégiens, mais elles ne manquent cependant ni de grâce, ni de majesté[1]. Le Glommen, qui déverse ses eaux dans le fjord de Christiania, est le fleuve le plus abondant de la Scandinavie, mais le Göta en est le plus pittoresque : il se fraye avec effort une route bruyante à travers des rocs escarpés, d'où il se précipite en cataractes effrayantes. Tous les voyageurs parlent avec admiration des chutes célèbres de Trollhättan. « Ni la chute du Rhin, à Schaffouse, ni les cascades de la Norvège ne donnent une idée vraie de cette succession de rapides. Sur un espace de plusieurs kilomètres, le Göta-elf, encaissé entre deux berges escarpées, court de cascade en cascade, se précipite de rocher en rocher, tantôt s'effondre dans un abîme, tantôt se laisse glisser sur une déclivité, se heurte à des rocs menaçants, bouillonne, rebondit, lance en l'air des panaches d'écume et retrouve enfin, dans un bassin à deux cents pieds plus bas, son calme et sa verte limpidité. C'est un chaos de flots mugissants, un entassement de noirs rochers encadrés par un paysage d'une beauté sévère. »

Le principal courant des côtes occidentales de la Péninsule se dirige du sud-ouest au nord-est. Grâce aux eaux tièdes, venues des parages tropicaux, les fjords ne sont pas envahis par les glaces, et la Norvège jouit d'un climat relativement tempéré. Tandis que l'Islande est glacée et stérile, les campagnes scandinaves situées sous la même latitude produisent des céréales en assez grande quantité, et dans

[1] Principaux fleuves de la Scandinavie : Tana, Alten (Océan Glacial) ; — Torrisdals, Laaven, Glommen (530 kil.), Drammen (Skager-Rak) ; — Gota (Kattégat) ; — Motala (mer Baltique) — L'Océan Atlantique ne reçoit que de petits cours d'eau et le golfe de Botnie ne reçoit que des rivières non navigables.

la Laponie même les étés, quoique courts, sont assez chauds pour mûrir les moissons. La température varie beaucoup du sud au nord. Sur le bord de la mer, la température moyenne est de 1° centigrade; elle est de + 5°,1 à Stockholm, de 7° à 8° dans les provinces méridionales. En Laponie, le thermomètre peut monter en été à + 30°, et, en hiver, descendre à — 40°. En Norvège, la température moyenne est, pour Christiania, de + 6°,2 ; pour Trondhjem, de 7°,2; au cap Nord-Kyn, de — 1°,2. En été, le thermomètre monte parfois à + 45°; en hiver, il peut descendre à — 35°.

La plus grande partie de la Péninsule est couverte de neige pendant l'hiver, et la moyenne annuelle de la pluie tombée est de 522 millimètres. Malgré son climat sévère, la Suède n'est pas assombrie comme l'Allemagne du Nord par d'épais brouillards ; le ciel y est serein, l'air pur, les longues nuits de l'hiver y sont adoucies par des aurores boréales, et, au mois d'avril, le printemps succède brusquement au froid. En Norvège, la mauvaise saison ne fait sentir ses rigueurs que lorsque soufflent le vent d'est descendu des montagnes neigeuses, ou le vent du nord, venu de l'Océan Glacial; le printemps s'y annonce par de terribles avalanches et par des débordements qui désolent le pays; les brumes y sont fréquentes et donnent au jour une nuance terne qui s'harmonise bien avec la froide et triste nature du Nord.

Les forêts de la Scandinavie ne sont parfois que des futaies susceptibles d'un facile défrichement; le plus souvent elles se composent d'épais fourrés, au milieu desquels se dressent, çà et là, des blocs granitiques tapissés de mousse, aux fissures remplies d'arbustes. La région du hêtre et du charme embrasse la Skanie méridionale, le Halland et les vallées du Hardargervidde ; celle du chêne comprend toute la Suède moyenne jusqu'au Dal-elf, et la côte norvégienne jusqu'à Christianssund. L'aulne blanchâtre, le pin, le sapin, le bouleau croissent jusqu'au soixante-dix-septième parallèle, au delà duquel il n'y a plus que des algues et des lichens. Les pins les plus recherchés par l'industrie maritime sont ceux de la Suède centrale.

L'ours, le loup, le lynx, le renard, le glouton peuplent encore les forêts sauvages de la contrée. Le renne, d'origine scandinave, a disparu des vallées suédoises : l'animal que les Lapons ont réduit à l'état domestique, et dont quelques rares troupeaux vivaient naguère dans le Telemarken, est venu de la Russie septentrionale. Les oiseaux chanteurs y sont en très petit nombre ; par contre, les oiseaux de mer sont si nombreux sur les rochers et sur les îles de la côte occidentale, que le bruit de leurs ailes s'entend à des kilomètres de distance : dans ce concert, d'un genre tout spécial, dominent les pinguins, les macareux, les guillemots et les mouettes. Quant à l'eider, source de richesse pour les habitants, il abonde dans les Lofoten et les Tromsö.

Non loin du cap Nord, on rencontre une île qui a reçu le nom significatif d'*Ile aux oiseaux* (*Svarholtklubbe*), et qui est une des merveilles de la nature. Elle a l'aspect, dans sa partie septentrionale, d'un immense rocher à parois abruptes, haut de 300 mètres environ, long de 800 ou 1,000, couronné d'une crête très dentelée; elle est formée tout entière de couches de granit superposées de 40 centimètres d'épaisseur, et entre lesquelles le temps a creusé des crevasses profondes, où sont nichés des milliers de volatiles, serrés les uns contre les autres, remplissant toutes les fentes et se détachant en blanc sur la roche noire. Tant que rien ne vient les déranger, ils demeurent dans une immobilité complète, mais, dès qu'il se produit un bruit insolite, par exemple celui d'une fusillade, tous s'envolent « par millions et par milliards, tourbillonnant autour du rocher, piaulant avec un tapage d'enfer. Et quand je dis que la lumière du jour en est momentanément obscurcie, que du pont du navire nous ne voyons plus le ciel au-dessus de nos têtes, je n'exagère point. Il faut avoir vu chose pareille pour s'en rendre compte. Dès que leur frayeur est calmée et qu'ils ont repris possession de leur île, on recommence à leur envoyer un second coup de canon et de nouvelles fusées ; et le même spectacle, le même tapage, les mêmes tourbillonnements se renouvellent. »

Une partie de la Scandinavie, qu'on évalue à 155,000 kilomètres carrés, est comprise dans la zône polaire. Pour cette région, la nuit est perpétuelle pendant tout l'hiver, mais à l'époque du solstice d'été, le jour qui commence succède immédiatement au jour qui finit. Il y a, en Laponie, dans la vallée du Tornea, près du cercle polaire, un pic du haut duquel on peut voir, chaque année, du 16 au 30 juin, à minuit, le soleil décrire un cercle complet dans l'espace et recommencer sa course dès qu'il a touché le bord de l'horizon. Pour se rendre d'Haparanda au pied de l'Avasaxa, on traverse un pays aussi laid que les Lapons qui l'habitent : des marais desséchés, des plaines couvertes de cailloux ou de mousse noirâtre, des bois de sapins hauts de trois pieds, des bouleaux contrefaits, des mélèzes microscopiques, des fleurs maladives, quelques champs de seigle ou de blé dont les épis sont parfois plus élevés que les arbres grelottants de la contrée. Pendant la quinzaine où le soleil de minuit est visible, la route est parcourue par des Finlandais qui fêtent ce phénomène météorologique, après s'être baignés dons le Tornea, pour s'y purifier ; beaucoup de jeunes gens attendent même cette époque pour se fiancer sur le sommet de la montagne, en présence de ce soleil qu'ont adoré leurs ancêtres. Celui qui, dans les derniers jours de juin, fait l'ascension de l'Avasaxa, jouit, à minuit, d'un spectacle grandiose et inoubliable : il voit au loin les régions méridionales voilées par les ténèbres ; devant lui, au contraire, le soleil effleure l'horizon sans disparaître une minute ; de sorte que le ciel apparaît d'un côté éclairé par les rayons du couchant, de l'autre, illuminé par les lueurs de l'aurore. « Le soleil, dit un voyageur, est devant nous, très élevé, resplendissant de lumière ; il éclaire majestueusement l'incomparable silhouette des îles Lofoten, qui nous apparaissent vêtues de leur manteau blanc de neige. Ses rayons d'une extrême intensité se détachent vigoureusement sur un ciel rose tout doré. Les montagnes de droite sont éclairées de face et projettent mille reflets flamboyants, tandis que les Lofoten, placées entre le soleil et nous, n'ont que leurs crêtes de lumineuses. Leur massif, plongé dans une ombre relative, conserve sa fine tonalité de blé d'argent au milieu de cet embrasement général. Le tableau est grandiose, complet, et la mer, unie comme une glace, qui en reflète les moindres détails avec une étonnante fidélité, arrive à doubler les effets de ce prodigieux spectacle. Une surprise plus grande nous attendait. Ce fut l'affaire de quelques minutes, mais quel prestige! Par je ne sais trop quel effet d'optique, nous vîmes tout à coup les îles Lofoten s'enflammer elles-mêmes, chacune de leurs mille pointes briller comme autant de diamants; la mer n'était plus qu'un lac de feu, nous étions en pleine féerie. Puis, tout s'estompa et le merveilleux effet avait disparu que nous n'étions pas encore remis de notre enthousiasme. »

CHAPITRE II

LES GRANDES VILLES DE LA NORVÈGE ET DE LA SUÈDE.

Chritiania et ses monuments. — Drammen. — Les ports du sud-est norvégien. — Stavanger, Bergen, Trondhjem et sa cathédrale. — Bodö et Tromsö. — Stockholm, ses monuments, son commerce, ses environs. — Gefle, Falun et Dannemora. — Upsala. — Villes de la Suède méridionale.

Il suffit de jeter un coup d'œil sur la carte de Norvège pour se convaincre qu'aucune ville importante ne s'élève dans l'intérieur du pays. Les villages même sont rares, car les paysans, isolés dans leurs domaines et suffisant à leurs besoins, ne sentent point la nécessité de se grouper. La constitution géologique de la Norvège et son climat ont décidé de l'emplacement de ses villes : c'est au fond des fjords méridionaux abrités des vents du nord et réchauffés par le soleil, que se sont formés les centres de population. Nous n'aurons donc qu'à suivre le littoral pour visiter successivement les grandes cités norvégiennes.

La citadelle de Frederiksteen construite sur le haut d'un pic, à trois cents pieds au-dessus de la mer, domine la première ville norvégienne de la côte méridionale : *Frederikshald*, où Charles XII tomba frappé d'une balle le 11 décembre 1718. Un bloc de marbre rongé par le temps et l'humidité marque l'endroit où mourut ce monarque, qui abaissa sa patrie en voulant l'agrandir. Aujourd'hui *Frederikshald*, de même que sa voisine Frederikstad, n'a plus qu'une importance industrielle : c'est de ces deux ports que l'on exporte les bois apportés de l'intérieur par les rivières. Telle est aussi l'industrie de Sarpsborg, de Moss et de Drobak, simples bourgades qui doivent leur importance à la situation heureuse qu'elles occupent sur une voie commerciale de premier ordre.

Le fjord au fond duquel s'élève *Christiania* se développe entre une double haie de collines et sépare les presqu'îles de Gothie et de Sœdenfjeld. A partir de Drobak, ses bords se rapprochent assez l'un de l'autre pour être facilement défendus, et les canons d'Oskaroborg suffisent pour commander le canal étroit à l'extrémité duquel la capitale de la Norvège se dresse au pied d'un amphithéâtre de montagnes couvertes de bois de sapins. Il y a deux ports à Christiania: l'un, le Piperviksbugten est situé à l'ouest; l'autre, le Bjorviken, à l'est est le plus fréquenté.

En 1058, le roi Harald-Haardraade avait fait bâtir la ville d'Oslo qui devint la capitale du royaume lorsque la Norvège fut réunie au Danemark. Au commencement du XVIIe siècle, Olso fut détruite par un incendie et le roi Christian IV fonda pour la remplacer la ville qui porte encore son nom. Depuis sa fondation, Christiania n'a fait que s'accroître: sa population (80,000 habitants) est dix fois plus nombreuse aujourd'hui qu'au commencement du siècle, et elle augmente en moyenne de mille personnes par an. Les maisons sont toutes en pierre ou en brique ; ses rues sont parfaitement alignées, et son aspect général est bien plutôt celui d'une cité américaine que celui d'une ville scandinave.

Ses monuments sont peu nombreux. L'église du Sauveur, sur la place du marché, est lourde, massive, sans style bien caractérisé, et la cathédrale de la Trinité n'est pas beaucoup plus gracieuse.

Le palais du roi n'est pas non plus bien remarquable, en dépit de ses proportions gigantesques, qui le font plutôt ressembler à une caserne qu'à un château. L'intérieur est cependant décoré avec un certain goût et l'on y voit deux tableaux de Tidemand, le peintre le plus remarquable de la Norvège contemporaine. En face, à l'angle de la place d'Eisvold et de Carl-Johans-gadan, est le palais du Storthing, le seul édifice digne d'attention. Il a coûté deux millions de dollars et son architecture rappelle à la fois le style romain et le style byzantin. Deux lions de bronze en gardent l'entrée. Saint-Sauveur, la Trinité, le Storthing-Sbygguingerne, le Palais-Royal, l'Université avec son péristyle à colonnes grecques, voilà toutes les merveilles architecturales de Christiania.

Par bonheur, la beauté des alentours compense largement les imperfections de la capitale. On jouit d'un spectacle unique au monde, lorsque, du haut du rocher d'Akershuus, on embrasse d'un coup d'œil le parc magnifique de Ladegaards, les collines boisées, et tous ces îlots parallèles semblables « aux perles d'un collier dont le fil vient de se détacher ».

Un steamer fait trois fois par semaine le trajet entre Christiania et Drammen, l'un des ports les plus actifs de la région.

Drammen a deux kilomètres de long : elle borde

les deux rives du Dramms-Elf, qui la fait communiquer avec l'intérieur, d'où lui arrivent des planches qu'elle expédie à l'étranger. Elle est de plus le port d'expédition pour la ville minière de Kongsberg, qui fournit annuellement trente mille livres d'argent fin et où se trouve l'hôtel des Monnaies de la Norvège. A cinq lieues de là l'église de Hitterdal élève sa pyramide ligneuse de nefs et de clochetons.

En descendant la côte, on rencontre successivement *Horten*, station principale de la flotte militaire du royaume; *Tonsberg*, le plus ancien port norvégien; *Lauroik*, où s'élevaient jadis le temple fameux de Skiringosal et le palais d'Harald aux beaux cheveux; *Skien*, marché des paysans du Telemarken; *Arendal*, le port le plus riche de la péninsule en bateaux de cabotage; *Christiansand*, où se construisent et se réparent les navires; *Mandal*, près du cap Lindesnœs.

De l'autre côté de la presqu'île, le premier port que l'on rencontre est celui de *Stavanger*, la quatrième ville du pays par le chiffre de sa population. Ses habitants vivent de la pêche au hareng et de la fabrication des lainages. Du fouillis inextricable de ses rues tortueuses sort une église du XIIIe siècle, bâtie dans le style ogival anglais. Viennent ensuite Bergen et Trondhjem, par lesquelles se terminera l'énumération des principales villes de la Norvège.

« *Bergen*, bizarre assemblage de constructions en bois, s'avance en promontoire au milieu de la nappe tranquille et miroitante du fjord qui la baigne. Elle est située au fond d'une étroite vallée dominée partout par de hautes montagnes à pic, dont les cimes arides et pelées forment un heureux contraste avec les pentes inférieures verdoyantes et boisées. Irrégulière comme Stavanger, elle se cramponne aux flancs des montagnes et semble vouloir leur disputer le terrain ; les maisons s'étagent les unes au-dessus des autres comme des ruches : elles s'écrasent, se pressent, s'enchevêtrent en réseaux inextricables.

« La population actuelle de Bergen est de quarante mille âmes. Trondhjem, sa rivale, n'en a que vingt mille. Son port est large, profond et commode : au besoin il y aurait moyen d'en construire un second au sud de la ville et de réunir à la mer un petit lac intérieur, qui pourrait à lui seul contenir plus de vaisseaux que n'en contient le port actuel [1]. » Les exportations de Bergen consistent surtout en poisson. Là grouille tout un monde de pêcheurs dont beaucoup sont atteints de la lèpre, maladie dont le développement est attribué aux aliments malsains dont ils se nourrissent. Aalesund et Christianssund sont aussi des ports de pêche, mais d'une importance beaucoup moindre, et jusqu'à l'Océan Glacial Arctique, on ne rencontre d'autres grandes villes que celles de Trondhjem, de Bodö et de Tromsö.

Trondhjem, capitale de la vieille Norvège, a l'aspect d'une grande bourgade, malgré ses boulevards, ses places et ses maisons de bois à plusieurs étages. Ses anciens remparts ont fait place à des prairies et, en fait de fortifications, on ne rencontre plus guère, sur l'une des îles du fjord, que la forteresse où fut détenu pendant vingt-trois ans le ministre Schumacker, le Richelieu danois. Lorsque, suivant l'usage, les rois viennent recevoir à Trondhjem la

[1] Jules Leclercq, *Voyages dans le nord de l'Europe*, p. 31-34.

couronne de Norvège, ils habitent un château qui est le plus vaste édifice de bois du monde entier et qui a remplacé, sans l'égaler, l'antique palais des souverains. Ce qu'il faut voir à Trondhjem, c'est la cathédrale, le plus superbe monument des États Scandinaves, et l'un des spécimens les plus remarquables du style romano-byzantin et du style ogival. L'archevêque Eystein en jeta les fondements en 1183, au-dessus de la tombe de saint Olaf, à l'endroit même où Magnus le Bon, fils d'Olaf, et Harald aux Cheveux Rouges avaient élevé successivement, le premier une chapelle de bois, le second une église en pierre. Celle-ci forma d'abord l'une des ailes du monument; la seconde aile, construite plus tard sur le modèle de la première, se composa, comme elle, de larges arcades en plein cintre, au contour festonné et séparées par des piliers massifs à chapiteau carré. La nef et le chœur appartiennent au style ogival le plus élégant et le plus pur : la nef est d'une grande simplicité, mais le chœur est remarquable par la richesse de son ornementation. « Tout en obéissant aux lois de l'art le plus sévère, dit M. Enault, l'architecte a su répandre sur son œuvre les trésors d'une variété inépuisable. Des festons de pierre se suspendent comme des colliers au fût des colonnes légères; des guirlandes de fleurs les enlacent comme des lianes souples ; tantôt c'est une bande de dentelle qui se découpe sur la nervure d'une arcade déliée et fine ; parfois les colonnettes se coiffent d'un chapiteau d'acanthe; parfois d'un pilier mince, qui jaillit du sol comme une fusée de granit, trois arcs brisés s'élancent, et autour de lui comme autour d'un centre pivote une triple arcade.

Souvent dans les bas-côtés, dans les chapelles, autour du chœur, les ogives s'entrecroisent et semblent se confondre comme les cimes d'une végétation dans les bois. » Le jubé est un rideau de pierre sculptée à jour qui s'élève du pavé au sommet de la nef; trois étages d'ogives aiguës le composent et sont soutenues par des colonnettes, qui perdent leurs pointes dans un fouillis d'arabesques. A travers cette dentelle de granit, on aperçoit le *Christ* de Thorvaldsen. La partie occidentale de la cathédrale, où se trouve le grand portail, ne fut achevée que vers le milieu du XIIIe siècle; elle était d'une grande magnificence, et on y entrait par treize vastes portes, audessous desquelles se développait une série de vingt petites arches en plein cintre, ornées dans le style roman. Au-dessus et entre ces portes sont vingt niches ogivales élégamment fouillées et ciselées; quinze de ces niches sont vides aujourd'hui.

Au nord de Trondhjem, les petites villes fondées pour l'exploitation des pêcheries ne s'élèvent qu'à de grandes distances les unes des autres. *Bodö* et *Tromsö*, les principales, sont les stations d'armement d'où partent les bateaux de pêche pour le Spitzberg et les mers glaciales.

Les villes de la Suède occupent en général une superficie considérable. Leurs rues sont larges, leurs maisons spacieuses et d'une grande propreté.

Stockholm, capitale de la Suède, est bâtie sur les deux bords du goulet maritime qui met en communication la Baltique et le Mälaren. Ce lac s'avance à plus de cent kilomètres dans les terres; il baigne une région fertile et bien propre à l'habitation humaine. C'est au XIIIe siècle que Birger-Jarl, régent de Suède, fortifia l'îlot situé au milieu du goulet et qui fut le berceau de Stockholm, comme la Cité fut le berceau de Paris. Bientôt l'îlot de Birger se trouva trop étroit. La ville naissante envahit les îles, les presqu'îles et les pentes voisines. Au nord se forma le quartier de Norrmalm, qui empiète aujourd'hui sur l'île de Kungsholm ; au sud naquit le faubourg populaire de Södermalm. Maintenant, des viaducs et des chaussées réunissent les îles, traversent les détroits. A l'est de Streppsholm s'étend un des plus beaux sites de l'Europe, l'île de Djurgarden, parc boisé et hérissé de roches. Des pavillons de tous styles s'élèvent au-dessus des terrasses qui dominent le golfe; des saltimbanques donnent des représentations sur la rive; puis, des allées montueuses, des futaies désertes, des fourrés, où l'écho répercute le bruit des orchestres. Tous les ans, le 26 juin, on célèbre à Djurgardem la fête du poète suédois Bellmann, qui a chanté les beautés de l'île et dont la statue se dresse sur la terrasse d'Hasselbacken. Un buste colossal du maître s'élève aussi dans un endroit de la forêt entouré de rochers formant amphithéâtre : le jour de la fête, la confrérie poétique des Compagnons de Bellmann chante des vers de leur patron, après quoi le président verse une coupe de vin sur la tête du buste, aux applaudissements de la foule, qui connaît bien la devise de Bellmann : « Boire, rimer, chanter. »

Le Palais-Royal, dans l'îlot de Riddarholm, a la forme d'un cube peint en jaune. Il contient plus de huit cents chambres, dont quelques-unes sont ornées de tableaux et de tapisseries d'une grande valeur. De sa terrasse, ornée de statues, on domine le port, les îles du Mälaren et presque toute la ville. Non loin du palais, et en retrait, s'élève la Stokyrka, la plus ancienne église de Stockholm, où sont couronnés les rois de Suède. Quant à l'église des chevaliers, décorée de drapeaux et de trophées, elle est plutôt une crypte qu'un sanctuaire, avec ses voûtes humides, que soutiennent des pilastres trapus. On y voit le sarcophage en porphyre rouge de Bernadotte et le tombeau de Charles XII, dont la seule sculpture est une peau de lion en marbre noir. Des faisceaux d'étendards étrangers, des pyramides de tambours et de clairons, déguisent seuls la nudité de l'édifice, où sont célébrées les funérailles royales. Le fondateur de Stockholm a sa statue en face même de l'église.

Riddarholm, d'ailleurs, ne contient guère que des monuments publics. Il en est de même de la pointe de la Cité, où se voit le palais qui servait autrefois de lieu de réunion à l'assemblée des nobles.

Les musées et les bibliothèques sont loin de faire défaut. Le Musée des Souverains est riche en souvenirs historiques : armes et armures, vêtements royaux, diplômes de savants, instruments d'artistes célèbres, bijoux des reines scandinaves. De bons tableaux dus principalement aux artistes flamands et hollandais, des sculptures remarquables, des objets préhistoriques ornent le musée national, et les savants visitent à leur grand profit les musées d'ethnographie et d'histoire naturelle, ainsi que la Bibliothèque Nationale et celle de l'Académie.

Stockholm est une ville commerciale de premier ordre : elle compte près de quatre cents fabriques produisant pour une valeur de cinquante millions ;

sa flotte marchande ne comprend pas moins de deux cent quarante navires, dont plus de cent soixante à vapeur, et l'on peut juger de son importance par le tableau suivant du mouvement de son port :

		VOILIERS	VAPEURS	VOILIERS ET VAPEURS	JAUGEAGE (tonnes)
Cabotage	Entrées	10.452	8.155	18.607	973.358
	Sorties	11.490	8.105	19.595	952.293
Commerce extérieur	Entrées	1.071	504	1.575	350.505
	Sorties	937	596	1.533	376.249
Ensemble		23.950	17.360	41.310	2.652.405

Ce mouvement ne se ralentit que lorsque la rade est fermée par les glaces, c'est-à-dire de trois à cinq mois de l'année. Il est du reste question, pour remédier à cet inconvénient périodique, de construire un port extérieur à Nynäs, sur le bord même de la Baltique.

Stockholm doit à sa situation géographique d'être une des villes les plus pittoresques du Nord. La nature y est partout présente, la végétation s'y mêle à la pierre, la verdure aux constructions. Vue de la terrase de Mosebackken, vis-à-vis de Riddarholm, elle offre au spectateur un coup d'œil charmant : « Au loin, le sol se gonfle et ondule ; des forêts de sapins verdissent à l'infini, elles s'étendent sur le sol comme une draperie à trame forte dont les plis majestueux prononcent et ennoblissent les contours : à gauche, l'œil se repose sur le Mälaren, immobile et resplendissant, avec son cadre de rochers, ses perspectives fuyant à l'horizon, ses aspects à la fois grandioses et doux; à droite c'est la Baltique, mais la Baltique apaisée, se glissant entre les îles, découpant mille promontoires, s'attardant dans des golfes, la Baltique semblable à un lac, aussi calme, aussi pur, aussi beau que le premier. A nos pieds, le Mälaren et la Baltique se réunissent enchâssant et sertissant dans leurs eaux la ville aux sept îles; au centre, comme une reine au milieu de sa cour, se dresse Riddarholm, l'île des palais, l'île des églises, avec ses quais qui l'enveloppent d'une ceinture de granit, ses maisons hautes et pressées, d'où jaillissent vingt clochers aigus comme vingt lames de stylet[1]. » Plusieurs châteaux embellissent les environs de la capitale, ce sont ceux de Drottningholm, d'Ulrikssdal, de Rosendal, de Haga, et sur les bords du Mälaren, le lac aux treize cents îles, se voient *Westeras*, l'antique cité épiscopale, et *Koping*, où résida le chimiste Scheele. Plus à l'ouest se succèdent *Arboga*, qui exporte ses céréales, ses bois et les fers des mines de nora; — *Eskilstuna*, qui fournit à Stockholm des outils, des machines et des meubles; — *Orebro*, à la pointe du lac Hjelmaren, avec son hôtel de ville ogival. Enfin, au nord de Stockholm, *Elf-Karleby* possède une pêcherie de saumons, et de *Gefle* s'expédient les minerais de *falun* et de *Dannemora*. Au nord de Gefle, les ports qui s'élèvent à l'embouchure des rivières se ressemblent tous; ils exportent des planches, des goudrons et communiquent avec Stockholm par des

[1] VANDAL, *En karriole à travers la Suède et la Norvège*, p. 45 (Plon).

bateaux à vapeur. Citons ceux de Söderhamn, de Hudiksvall, de Hernösand, d'Umea, de Skelleftea, de Pitea, de Lulea, de Ranea, de Neder Kalix et de Haparanda. C'est de ce dernier port que partent les voyageurs qui vont passer sur l'Avasaxa une nuit tout entière éclairée par le soleil. (V. le ch. I de la seconde partie.)

La Dalécarlie est le centre industriel de la Suède, qui extrait de là le fer et le cuivre nécessaires à la consommation. Les mines de fer de Dannemora produisent chaque année en moyenne, environ 40,000 tonnes, et le minerai qu'on en retire contient de 40 à 50 pour cent de métal pur. La roche extraite est traitée à Osterby, sans addition de fondant. Les gisements de cuivre de falun sont d'une valeur très inégale : le produit en a beaucoup diminué dans ces dernières années, par suite de la concurrence américaine.

Les bourgs dalécarliens des bords du lac Siljan (*Leksand, Rattik, Orsa, Vamhus, Mora*) sont des paroisses sans importance, où les paysans viennent entendre le sermon les jours de fête. Ils n'ont pas d'industrie propre, et, dans toute cette partie de la Suède, les villages manquent, les habitations sont dispersées, isolées sur le bord de chemins défoncés; çà et là, quelques églises apparaissent avec leurs clochers de bois. L'aspect du pays ne se modifie qu'au delà d'*Ostersund* : lorsqu'on a dépassé cette étape obligée entre Trondhjem et le golfe de Bothnie, lorsqu'on a franchi la rive septentrionale du lac de Storsjön, on ne rencontre plus que des hameaux et des campements de Lapons.

C'est à l'extrémité d'un fjord du Mälaren que la

plupart des étudiants [1] Suédois viennent élire domicile. Ils occupent à eux seuls une bonne moitié d'*Upsala*, la ville moderne qui a remplacé l'antique Gamla-Upsala, située plus au nord dans la plaine, et dont l'emplacement est indiqué par trois monticules recouvrant, paraît-il, les cendres d'Odin, de Thor et de Freya. Le château d'Upsala avait été élevé sur une colline par Gustave Wasa, désireux de pouvoir foudroyer, au moindre signe, le palais de l'archevêque. Le libérateur de la Suède repose aujourd'hui, en compagnie d'Oxenstjerna et de Linné, dans le second édifice religieux de la Scandinavie, la cathédrale, commencée au XIIIe siècle par le Français Étienne de Bonneuil : la nef est intacte, malgré cinq incendies, et les coupoles en forme de tiares couronnent toujours un monument large de cent quarante pieds, long de trois cent soixante-dix et haut de cent quinze. On se propose de reconstruire à bref délai les bâtiments de l'Université, qui abritent une magnifique bibliothèque. La bibliothèque d'Upsala renferme deux mille cent volumes et huit mille manuscrits. Elle possède le *Codex Argenteus*, traduction des évangiles en langue gothique par Ulphilas, le plus ancien monument des idiomes du Nord. Fondée par Charles IX, l'Université fut restaurée par Bernadotte. Les hommes de science trouvent là de précieux documents, de même que les naturalistes se plaisent à explorer le Jardin Botanique, où un myrte planté par Linné lui-même pousse ses rameaux toujours verts.

Au sud de Stockholm s'élèvent un certain nombre

[1] Voyez sur les étudiants le ch. v (*Instruction publique*), p. 76.

de villes d'une importance commerciale considérable. *Norrkoping*, le Manchester de la Scandinavie, couvre sur les deux rives de la Notala plusieurs kilomètres carrés avec ses trente-trois fabriques de drap, ses filatures de coton, ses raffineries de sucre, ses chantiers de constructions, qui fournissent à l'État ses canonnières et ses cuirassés ; elle exporte chaque année du bois, du fer, des allumettes, des matières premières, de la houille, du marbre ; le mouvement de son port dépasse deux mille huit cents navires, jaugeant 296,300, et tout près, au nord-ouest, la manufacture de Finspang fournit à l'État ses meilleurs canons. Les négociants suédois ou étrangers connaissent bien aussi les produits industriels de *Motala*, le canal à écluses de *Linkoping*[1], les usines de *Jonkoping*. C'est dans les établissements voisins de cette ville que se fabriquent les fusils, les machines à coudre et surtout les allumettes chimiques ; c'est là que des hauts fourneaux fondent le minerai de la montagne de Taberg. La fabrique d'allumettes chimiques qui se trouve non loin de Jonköping, sur les bords du petit lac de Munksjoün, occupe près de deux mille ouvriers et produit annuellement deux cent millions de boîtes représentant une valeur de quatre millions de francs.

Entre Linköping et Carlskrona, se succèdent sur le rivage, *Vestervik* en face de Wisby, *Oskarshamn*, qui entretient des communications régulières avec l'île de Gotland, et *Kalmar*, célèbre par le traité d'Union signé en 1397 par les trois États Scandi-

[1] On remarque à Linkoping une église dont le chœur ogival est bien conservé.

naves. *Carlskrona*, entourée d'îlots fortifiées, et bâtie elle-même sur son îlot de granit, est une des principales station de la Suède qui, jusqu'à Malmö, ne possède sur la côte d'autre ville que *Christianstad*, capitale d'un *lan*. Rönneby, près de Carlskrona, est la station balnéaire que les Suédois fréquentent le plus volontiers. Malmö, avec son hôtel de ville de style renaissance, occupe sur les bords du Sund une situation favorable, tant sous le rapport du climat qu'au point de vue du trafic international : on peut en dire autant de Landskrona, qui possède une vaste citadelle et est défendue par le fort de Graen, des bassins de Malmö, dont la profondeur est de six mètres, on expédie partout des denrées agricoles, et elle a complètement supplanté comme ville commerçante *Lund*, célèbre pourtant par son Université, par ses édifices et ses jardins publics, par son musée archéologique et surtout par sa cathédrale, du style byzantin du XIe siècle, un des monuments les plus remarquables de la Scandinavie.

Helsingborg, en face de la danoise Helsingor, et *Halmstad*, à l'embouchure du Nissan, sont les ports secondaires qui s'offrent aux navires au-dessous de Göteborg. *Goteborg* située sur l'une des embou-bouchuresdu Göta et la deuxième ville de la Suède, est non seulement l'étape obligée entre Copenhague et Christiana, mais encore le lieu d'où sont exportées les marchandises par le Skager-Rak et par le Kattégat. « Les eaux et la vapeur font mouvoir dans les faubourgs et dans les environs les broches de nombreuses filatures de coton et la seule filature mécanique de lin qu'il y ait en Suède; en outre,

Canal de Trolhatta.

la ville possède des raffineries, des fabriques de tabac, des scieries et des ateliers de marqueterie, des chantiers de construction et toutes les manufactures où se préparent le gréement et les approvisionnements maritimes. Les pêcheurs et les matelots de Göteborg et de tout le Bohuslän sont admirés pour leur courage leur force et leur mâle fierté. On les recherche beaucoup pour équiper les navires de toutes les marines du Nord, en Norvège, en Allemagne, en Angleterre et jusqu'en Amérique. » Le Jardin Botanique est bien organisé, et c'est de Göteborg que sont parties les grandes expéditions polaires accomplies dans ces dernières années.

Grâce au canal de Trollhätta, Göteborg communique avec Wenersborg au sud du lac Wenern, et c'est un îlot de ce lac qui supporte la ville de *Carlstad*, réunie par deux ponts à la terre ferme.

CHAPITRE III

COUP D'ŒIL RÉTROSPECTIF

Populations primitives. — La Suède et la Norvège avant la réforme. — Gustave Wasa, le luthéranisme et la monarchie absolue. — Gustave-Adolphe. — Charles XI et Charles XII. — Constitution de 1720. — Gustave III et le coup d'État de 1772. — La dynastie de Ponte-Corvo. — La Norvège réunie à la Suède.

La Suède méridionale renferme à peu près les mêmes débris archéologiques que le Danemark, ce qui semble prouver qu'elle a été habitée par des hommes de même race et de mêmes mœurs pendant l'âge de la pierre taillée. Les immigrants pénétrèrent dans la Suède septentrionale et dans la Norvège à l'époque de la pierre polie, mais la civilisation se développa toujours beaucoup plus tôt dans le Sud que dans le Nord. C'est ainsi que les sépultures de formes diverses qui appartiennent à l'âge de la pierre polie sont très nombreuses dans la péninsule méridionale et font déjà défaut dans la région du centre. Les Scandinaves de l'époque des dolmens aimaient comme les chasseurs Peaux-Rouges à se parer de pendeloques et de colliers en os et en dents d'animaux. Un certain nombre d'archéologues pensent que l'influence étrusque a été prédominante sur les bords orientaux de la Baltique et sur ceux du Kattégat, avant le commencement de l'âge de fer. Ce fait n'est pas complètement prouvé, mais il est certain qu'au IIe siècle de notre ère, les habitants de la péninsule, comme les Danois, apprirent des Romains à travailler le fer, en même temps qu'ils employèrent un alphabet parent de l'alphabet latin et dérivé peut-être de l'alphabet des Celtes de l'Italie septentrionale (Runes).

Bien qu'il soit difficile d'établir exactement à quelle époque s'ouvrit l'ère historique pour les hommes du Nord, on peut soutenir cependant que l'âge de fer se termina au moment des expéditions normandes. L'histoire écrite de la Scandinavie ne commence que fort tard ; les premières chroniques, datant du XIe siècle, sont presque toutes perdues, et les Sagas comme les Eddas ne renferment que des données vagues. On sait toutefois que, si les Finnois et les Lapons arrivèrent en Suède par la Russie, les *Gôtars* ou Goths, puis les *Svears*, vinrent du sud et du sud-est en Danemark, et de là aux environs du Wettern et du Mälaren. Les Svears, dont le centre religieux et politique fut la ville de Sigtuna, donnèrent leur[1] nom aux Svenskars ou Suédois. Les habitants de la Norvège s'appelèrent *Northmen* ou *North-Mathre*, « hommes du Nord, » dénomination par laquelle on désigna au moyen âge les pirates qui semèrent l'effroi partout où ils firent des incursions.

A une époque qu'il est impossible de préciser, la Norvège du sud et du centre avait été envahie par des barbares sortis de la Suède et se rattachant comme les Danois et les Suédois au rameau germanique de la race indo-européenne. Ces conquérants se parta-

[1] Les Dalécarliens nous ont conservé assez exactement le type primitif du Svear.

gèrent le pays et y fondèrent de petits États indépendants (*Fylkes*) soumis, au début des temps historiques, à des chefs portant le titre de *Kongs*. Les North-menn se firent connaître de bonne heure par leurs incursions, et, unis aux Danois, ils conquirent l'Angleterre. Leurs chefs, vaincus en Norvège par Harald aux Beaux Cheveux vers la fin du IXe siècle, durent changer le titre de *Kong* contre ceux de *jarl* (duc) ou de *herse* (chevalier) ; mais la domination du vainqueur prit un tel caractère de despotisme, que plusieurs familles puissantes partirent pour l'Islande, récemment découverte par des pirates.[1] D'autres vinrent occuper les Orcades, les Hébrides, les Shetlands, les Fa-roër, et Hrolf, parent d'Harald, exilé du royaume, devint duc de Normandie sous le nom de Rollon.

L'introduction du christianisme, sous Olaüs Ier, (995-1000) excita partout le mécontentement ou la révolte, et les troubles religieux, s'ajoutant aux troubles civils, ensanglantèrent la Norvège pendant plus de deux siècles. Personne d'ailleurs n'est moins digne d'intérêt que ces rois de la dynastie d'Ingling (875-1319), dont l'histoire n'enregistre que des crimes : Magnus VII (1263-1280) est peut-être le seul qui se soit distingué par un gouvernement pacifique. En 1319, le trône passa à la dynastie des Folkungs, qui régnait déjà sur la Suède, et en 1397 le traité de Kalmar, consacra la fédération des trois États Scandinaves. Après la rupture de l'Union, la Norvège devenue simple province danoise cessa de prendre part à l'élection des rois, mais conserva sa diète

[1] Voir dans la première partie le chapitre consacré aux possessions danoises.

et le titre de royaume. Son histoire se confond dès lors avec celle du Danemark jusqu'en 1814, époque à laquelle elle fut réunie à la Suède.

Les antiquités de la période païenne[1] suédoise, appartiennent à trois grandes époques de culture intellectuelle : à l'âge de la pierre, à l'âge du bronze et à l'âge du fer. Parmi les antiquités de l'âge du fer, il faut particulièrement remarquer celles qui fournissent la preuve des relations qui existèrent entre la Suède et les autres pays de l'Europe jusqu'au milieu du XIe siècle. L'influence de Rome fut d'abord prédominante ; puis, les rapports commerciaux qui existèrent avec l'empire byzantin firent affluer de l'est et de l'ouest dans les pays Scandinaves une foule de monnaies en or. Pendant le IXe et le Xe siècle, les Suédois furent en relations continues avec les Orientaux, notamment avec les Arabes ; cette activité commerciale ne cessa que vers l'an 1000, et fut alors remplacée par un contact habituel avec l'Allemagne et l'Angleterre. Les monnaies karolingiennes sont très rares ; on n'en a recueilli que deux fois. Quant aux pirates suédois, s'ils n'ont pas laissé de traces aussi profondes que les Vikings danois et norvégiens, c'est qu'ils s'attaquèrent aux Finnois, aux Lettons, etc., peuples baucoup moins civilisés que les Franks ou les Anglo-Saxons.

Lorsque le christianisme fut introduit en Suède, au IXe siècle, celle-ci était partagée en un certain nombre de petits États, qui ne furent réunis sous un même sceptre que par la dynastie des Folkungs (1250-1365). Le premier roi digne de ce nom fut Magnus

[1] Nous avons parlé plus haut de la religion scandinave.

Ladulas, dont le successeur, Magnus Smek réunit sur sa tête les couronnes de Suède et de Norvège. Celui-ci fut renversé du trône par son fils Haquin, qui, s'étant engagé à épouser Elisabeth de Holstein et ayant pris pour femme Marguerite de Danemark, se vit à son tour déposé par la Diète (1365). Marguerite, reine de Danemark en 1380, reine de Norvège en 1387, marcha contre le prince allemand Albert de Mecklembourg, qui avait succédé à son mari Haquin ; elle le vainquit à Falköping, le fit prisonnier et réunit les trois royaumes en un seul et même corps politique par l'Union de Kalmar (1397). « Après sa mort, la Suède fut déchirée par des guerres civiles : elle secoua le joug des Danois, elle le reprit ; elle eut des rois, elle eut des administrateurs [1]. Deux tyrans l'opprimèrent d'une manière horrible vers l'an 1520 : l'un était Christian II, roi de Danemark, monstre formé de vices sans aucune vertu ; l'autre, un archevêque d'Upsal, primat du royaume, aussi barbare que Christian. Tous deux de concert firent saisir un jour les consuls, les magistrats de Stockholm, avec quatre-vingt-quatorze sénateurs, et les firent massacrer par des bourreaux, sous prétexte qu'ils étaient excommuniés par le pape pour avoir défendu les droits de l'État contre l'archevêque. » Les choses en étaient là, lorsque Gustave Wasa intervint, délivra sa patrie et fonda dans la Suède convertie au luthéranisme la royauté absolue et héréditaire.

Pendant la période païenne, l'organisation politique

[1] C'est sous Sténon-Sture, l'un de ces administrateurs, que les paysans firent formellement partie des États de la Suède ; depuis lors, les États se divisèrent constamment en quatre ordres : la noblesse, le clergé, les bourgeois ou habitants des villes et les paysans.

et sociale avait été considérée comme l'œuvre des dieux. Le peuple s'assemblait trois fois par an pour les grands sacrifices, et, dans ces assemblées périodiques (*things*), on terminait les contestations d'intérêt général, on délibérait sur les entreprises accomplies ou à accomplir, on faisait même le commerce d'échange. Le pays était divisé en une infinité de petits royaumes indépendants, et si le roi d'Upland exerçait sur la Suède entière une sorte de suzeraineté purement morale, c'est que le temple d'Upsala, centre du culte, se trouvait compris dans l'étendue de ses domaines. Les monarques avaient pour principale attribution d'offrir des sacrifices; s'il survenait quelque malheur public, on les chassait ou on les immolait pour apaiser le courroux des dieux.

La nation se composait d'hommes libres et d'esclaves. Ceux-ci, objet de mépris sur la terre, n'avaient même aucun droit dans l'autre vie : le Walhalla ne leur était ouvert que s'ils mouraient en combattant à côté de leurs maîtres. Les hommes libres possédaient le sol; ceux qui formaient la suite habituelle du roi étaient comtes et nobles, mais ils n'avaient aucun privilège, aucune supériorité sur les autres hommes libres. Le peuple se confondait avec l'armée : le métier des armes était le métier par excellence, et l'on n'estimait guère, en dehors des guerriers, que les scaldes qui chantaient les combats, et les forgerons qui fabriquaient les épées des héros. Comme Odin ne voyait pas d'un bon œil les braves qui arrivaient pauvres dans le Walhalla, on brûlait avec le défunt les richesses qu'il avait acquises par sa valeur : tous ceux qui aspiraient aux joies éternelles du paradis scandinave se livraient donc tout entiers à la piraterie. Les souverains quittaient leurs États pour aller ravager les terres chrétiennes. Ils revenaient chargés de butin et adorés de leurs soldats, dont ils se servaient pour opprimer les habitants de leurs royaumes. C'est pour enrayer les progrès du despotisme que la nation, qui alors n'était point divisée en ordres, créa des magistrats (*Lagmanner*) chargés de défendre ses intérêts dans les grandes assemblées.

Le christianisme modifia profondément le vieil édifice social des Scandinaves. Les incursions étaient devenues plus rares, à mesure que les pays dévastés étaient devenus plus puissants. Elles cessèrent tout à fait, lorsque les hommes du Nord furent unis par la religion à leurs anciens ennemis. A partir de ce moment, les principaux éléments de trouble restèrent concentrés dans le pays. Il y eut d'abord des dissensions religieuses. La royauté chrétienne lutta contre les dynasties païennes, poursuivant de concert l'unité politique et l'unité religieuse. Cette lutte fut longue et sanglante, et bien qu'au XIIe siècle, il y eût déjà six évêques et un archevêque, les décrets de l'Église étaient constamment enfreints. Les ministres du culte durent procéder avec beaucoup de réserve et ménager le sentiment de la liberté toujours si développé chez les Suédois. Les curés furent choisis par le peuple, les évêques également. La royauté, qui avait besoin pour se consolider du pouvoir moral des évêques et du pouvoir matériel des guerriers, dut accorder aux uns et aux autres des privilèges et des immunités de plus en plus considérables. Le *jarl*, d'abord simple chef des domestiques royaux, parvint à obtenir le titre de duc et l'hérédité de sa charge sous la dynastie des Folkungs, qui achevèrent définitivement l'unité suédoise. A partir du XIVe siècle, l'élection des monarques fut faite par un conseil ou sénat, composé des principaux dignitaires ecclésiastiques et laïques, et des *lagmanns*, sortes de tribuns des provinces. La couronne ne fut point déclarée héréditaire, mais on prit l'habitude de choisir de préférence le nouveau roi dans la famille de celui qui venait de mourir. Il convient de remarquer que les privilèges des grands restèrent toujours des usurpations et ne furent jamais convertis en droits; néanmoins la population des villes et celle des campagnes furent victimes de la part des nobles et des évêques d'exactions devenues intolérables au commencement du XVIe siècle.

Gustave Wasa, jeune prince descendant des anciens rois de Suède, avait été fait prisonnier par Christian et était retenu comme otage en Danemark. Brisant ses chaînes, il passa le détroit et chercha un asile en Dalécarlie, où il travailla dans les mines de cuivre autant pour vivre que pour se cacher. Une paysanne le reconnut au collet brodé de sa chemise; un de ses anciens camarades d'école instruisit de cette découverte les officiers royaux, et il eût été infailliblement livré, si la femme du traître ne l'eût averti de ce qui se machinait contre lui. Un autre jour, il était caché dans une voiture chargée de foin : des soldats danois qui le cherchaient survinrent, et l'un d'eux, sondant la voiture avec sa lance, blessa Gustave, qui, cette fois encore, échappa comme par miracle, car le sang qui coulait de la plaie l'aurait fait découvrir, si l'un de ses amis n'eut adroitement blessé le cheval. Le fugitif, poursuivi sans relâche, parvint cependant à échapper à toutes les investigations. Bientôt, il se présenta aux assemblées de quelques paroisses, il harangua le peuple, il rappela aux paysans tous les maux qu'avait amenés la domination danoise, il s'offrit enfin pour se mettre à la tête d'une révolte nationale. Ses premières tentatives ne furent pas heureuses, et ne se croyant plus en sûreté, il se dirigea vers la Norvège.

Sur ces entrefaites, deux chevaliers témoins des massacres de Stockholm, arrivèrent à Mora. Ils racontèrent ce qu'ils avaient vu, ils dirent qu'on s'attendait d'un jour à l'autre à une nouvelle exécution, et que Christian avait résolu de désarmer tous les paysans du royaume. Cette mesure eut en effet un commencement d'exécution, ce qui fit donner au monarque le sobriquet de Roi Bâton. Mais alors, on se repentit d'avoir laissé partir Gustave, on courut à sa recherche, on le rencontra sur la frontière, on le ramena, on l'élut aussitôt chef des Dalécarliens et de tous les cantons. Des partisans de plus en plus nombreux vinrent augmenter sa petite troupe ; à la tête de ces généreux émules de son patriotisme, il se rend maître des petites provinces du nord, il s'empare de Westeras et d'Upsala, défait une armée danoise et va mettre le siège devant Stockholm, qui résiste pendant deux ans (1521-1523). Peut-être la garnison se serait-elle plus longtemps défendue si une révolution n'eût renversé le Néron du nord du trône de Danemark. A cette nouvelle, la Suède donna la couronne à Gustave, son libérateur.

Le nouveau roi avait à craindre maintenant la redoutable influence des évêques, maîtres de toutes les richesses et ennemis du parti national. Il songea donc à réduire à néant l'autorité du pape et celle de son clergé, en favorisant adroitement la propagation du luthéranisme, qui avait déjà pénétré dans la péninsule. Il devint le protecteur des deux frères Olaüs et Laurent Petri, prédicateurs ardents des doctrines nouvelles; il nomma le premier secrétaire d'État, le second professeur à l'Université d'Upsala, et les autorisa à publier en langue vulgaire une traduction luthérienne du Nouveau Testament. « Comme les progrès de la propagande ne lui semblaient pas assez rapides, Gustave, afin d'intéresser les seigneurs à ses projets, les encouragea à revendiquer les biens dont les donations de leurs ancêtres avaient enrichi l'Église, et lui-même éleva des prétentions sur le riche couvent de Gripsholm, en qualité d'héritier de Sténon Sture l'aîné, qui en était le fondateur. Il supprima ensuite les fiefs temporels des évêques, fit toucher par les employés royaux les amendes qui leur revenaient, sans aucun égard aux plaintes des intéressés, restreignit la juridiction du clergé, prononça dans les affaires de l'Église, accorda des lettres de protection aux moines et aux religieuses qui voulaient quitter les couvents, destitua et nomma des clercs ; puis, sous le prétexte de soulager le peuple épuisé par de longues guerres, il attribua à l'État les deux tiers des dîmes et s'empara dans toutes les provinces de l'argenterie et des cloches trouvées inutiles et superflues dans les églises (1526). Le Sénat, dont les délibérations n'étaient plus qu'une vaine cérémonie, approuvait avec soumission tous ces expédients. » Enfin, l'assemblée extraordinaire des États, convoquée à Westeras, déclara que les revenus des évêchés, des chapitres et des monastères appartiendraient à la couronne ; que les évêques devaient remettre au roi leurs châteaux, licencier leurs troupes et rester désormais en dehors des affaires politiques; que le souverain conférerait les dignités ecclésiastiques, destituerait les prêtres incapables, et autoriserait officiellement la prédication de luthéranisme.

On compta jusqu'à treize mille terres ou fermes confisquées au profit de la couronne ou de la noblesse. Gustave, fort de ces décisions, se déclara lui-même luthérien et se fit sacrer avec pompe par Laurent Petri, nommé archevêque d'Upsala et marié à l'une des parentes du roi. L'œuvre de l'assemblée de Westeras fut achevée par le concile d'Orebro, qui régla la liturgie de l'Église réformée : dès lors, on se convertit en foule à la confession luthérienne, la séparation de l'Etat et de la papauté fut consommée, et la Suède devint une monarchie héréditaire, dans laquelle le pouvoir exécutif « s'attribua l'empire des corps et la direction des âmes. » L'autorité absolue du fondateur de la dynastie des Wasa fut loin d'être nuisible à la Suède : la situation financière s'améliora, l'agriculture reçut comme l'industrie de sérieux encouragements, et le commerce devint si florissant, qu'en 1559 soixante-deux vaisseaux portaient à l'étranger les productions indigènes.

Après la mort de Gustave, la prospérité naissante du royaume fut compromise par des causes diverses; mais Gustave II Adolphe (1611-1632) mit un moment son pays au rang des grandes nations. Il ne se contenta pas de réorganiser ou de perfectionner les institutions nationales; il remporta aussi des succès militaires incomparables, conquit plusieurs provinces étrangères, et prit une part glorieuse à la guerre de Trente ans. L'empereur tremblait déjà pour sa couronne, lorsque ce grand roi mourut à la bataille de Lutzen, qu'il gagna contre Walstein, « emportant dans le tombeau le nom de *Grand*, les regrets du Nord, et l'estime de ses ennemis. »

Sa fille Christine n'était âgée que de six ans (1632). Elle avait reçu une éducation mâle et une instruction solide. Secondé par une intelligence rare et par un tempérament énergique, elle devint de bonne heure une savante et montra un goût prononcé pour les exercices violents. Dès 1642, les États l'engagèrent à prendre la couronne ; elle ne l'accepta que deux ans plus tard, confiante dans l'administration du célèbre chancelier Axel Oxenstjerna. Le premier acte de son gouvernement fut la conclusion de la paix avec le Danemark : ce traité et celui de Westphalie conclu quelques années après, assurèrent plusieurs provinces à la Suède, et l'alliance de Christine fut briguée à la fois par la France, l'Angleterre, l'Espagne et la Hollande. Puis, lorsqu'elle eut prouvé à ses sujets qu'elle était capable de rester à leur tête, elle convoqua une assemblée à Upsala, conseilla aux États d'élire en sa place son cousin Charles-Gustave, duc de Deux-Ponts, se réserva le revenu de quelques terres, et partit pour le Danemark avec une suite peu nombreuse. Elle visita les Provinces-Unies, la France, l'Italie, et mourut à Rome après avoir embrassé la religion du Christ. Charles-Gustave, dixième de ce nom, fut un guerrier plutôt qu'un administrateur : c'est lui qui gagna cette célèbre bataille de Varsovie, qui dura trois jours (1656). Son successeur, Charles XI, eut au contraire un règne moins belliqueux, et mit la Suède en état de subvenir aux dépenses énormes que nécessitèrent les campagnes du rival de Pierre le Grand.

Depuis Gustave Wasa les seigneurs avaient acquis une influence prépondérante dans le royaume. Le roi Erik, désireux d'être entouré par une cour brillante, avait institué des fiefs héréditaires. Plus tard, des juridictions et des privilèges avaient été attachés aux terres, et l'on avait accordé aux nobles le droit de se dessaisir de leurs terres en faveur de leurs plus proches héritiers, tout en gardant l'écusson et les armes de leur famille : il se forma donc, à côté de l'aristocratie territoriale, une noblesse de sang. A l'avènement de Charles XI, le sénat ne suivait d'autre règle que son bon plaisir (1660). Le roi régla d'abord par des traités avantageux la situation de la Suède vis-à-vis des puis, sances étrangères, puis il s'occupa d'améliorer l'état intérieur des provinces soumises à sa domination. Il importait de rétablir les finances, de protéger l'Industrie et le commerce, de donner enfin au pays les moyens de tenir une place brillante en Europe. Pour atteindre ce but difficile, il était indispensable de réduire la noblesse, qui trouvait dans la guerre les ressources que le Trésor, mis à sec, ne pouvait plus leur fournir, et Charles XI, se sentant approuvé par les paysans et par les bourgeois, n'hésita point à consommer l'abaissement de l'aristocratie. Le Sénat cessa d'être le conseil du royaume pour devenir simplement le conseil du roi, les terres détachées de la couronne depuis 1609, y furent de nouveau réunies, et les droits de monarque n'eurent d'autre frein que sa propre volonté : chacun, sauf les intéressés, préférait la domination absolue d'un seul homme à la tyrannie vexatoire des seigneurs. « Il y avait intérêt à rétablir le domaine dans sa situation intérieure, à rechercher soigneusement les aliénations inutiles. Faites généralement en faveur de la haute noblesse, ces aliénations avaient enlevé au Trésor une partie de son revenu naturel. Elles avaient eu aussi un autre résultat non moins grave. En vertu de la vieille constitution suédoise, les paysans qui cultivaient les terres de la couronne avaient seuls le droit d'envoyer des députés à la diète. Aliéner des terres domaniales, c'était donc diminuer dans la représentation nationale ce contingent de députés intelligents, dévoués, patriotes, qui pouvaient, par leurs suffrages, aider puissamment la bourgeoisie et la petite noblesse dans la réforme qu'on se proposait d'accomplir. La restitution des biens aliénés, ou, comme on disait, la *réduction*, intéressait donc non seulement les finances, mais aussi la politique générale de l'État[1] ». Les réformes qu'accomplit Charles XI, avec l'aide de Piper Gyllemborg, de Gyllenstiern et de Dalberg, eurent pour effet de régénérer l'État. Une nouvelle force militaire, l'*Indelta*, fournit à la Suède une armée solide[2], le commerce et l'industrie ne tardèrent pas à devenir prospères, les finances publiques mieux ménagées se trouvèrent assez vite dans une situation satisfaisante : en un mot, le royaume oriental de la pénin-

[1] Lamarre et Gourraigne, *Aperçu de l'histoire de la Suède et de la Norwège* (Delagrave).
[2] V. pour l'*Indelta* notre chapitre sur l'armée.

sule Scandinave parvint à l'apogée de sa grandeur. Mais Charles XII monte sur le trône en 1697. Il étonne l'Europe du bruit de ses victoires, triomphe des Danois, bat les Russes à Narva, envahit la Pologne et conçoit le dessein de détrôner le czar. Tout le monde sait par cœur cette brillante épopée, cette lutte héroïque entre l'*Alexandre suédois* et l'homme de génie qui civilisa l'empire moscovite; tout le monde sait qu'à Pultava, en 1709, la fortune abandonna Charles XII pour favoriser son rival; tout le monde a lu le récit de ce duel célèbre, que Voltaire a popularisé et qui se termine par l'abaissement de la Suède, réduite à ses frontières naturelles.

On attribua tous les malheurs du règne au pouvoir absolu, et, par une réaction naturelle, la monarchie la plus absolue de l'Europe devint tout à coup la plus limitée. Ulrique-Eléonore, qui succéda à son frère Charles XII, ne put s'empêcher de sanctionner la constitution nouvelle que les États lui proposèrent en 1720 : la Diète restait composée comme par le passé, des nobles, du clergé, des bourgeois et des paysans; elle acquérait le droit de s'assembler régulièrement tous les trois ans, et de prolonger ses sessions autant que cela lui conviendrait; pendant ses séances, l'autorité du roi et du Sénat était suspendue et les représentants exerçaient sans réserve le pouvoir législatif; elle pouvait destituer tout membre du Sénat dont elle désapprouverait la conduite; elle attribuait, dans le cours des législatures, à un comité secret la puissance exécutive, et à une commission prise dans son sein, la puissance judiciaire ; — le roi n'était, à vrai dire, que le représentant de la majorité des États, et ses prérogatives se réduisaient à l'hérédité, à l'inviolabilité, au droit de grâce, à deux voix dans le Sénat, qui, en l'absence des députés, était le maître réel de toute autorité ; en un mot, il régnait, mais ne gouvernait pas. Dès lors, les querelles intestines occupèrent les forces de la Suède : le parti aristocratique des *bonnets*, encouragé par la Russie, lutta contre le parti royaliste des *chapeaux* soutenu par la France, et ces divisions regrettables ne prirent fin que lorsque Gustave III, par le coup d'État de 1772, renversa la constitution de 1720, se réserva le droit de dissolution et la nomination aux emplois civils ou militaires, déclara les impôts perpétuels, et substitua son autorité à celle de la Diète. Ce fut une véritable révolution accomplie sans qu'une goutte de sang eût été versée, et il est remarquable que Gustave III, l'un des plus fougueux adversaires de la Révolution française et l'un des monarques les plus avides d'absolutisme, dirigea avec une intelligence rare dans ses États les réformes que réclamaient les idées nouvelles. Il déclara les Suédois égaux et libres devant la loi, il abolit la torture, il réprima la vénalité des juges, il interdit la mendicité, il fonda des maisons de travail pour les pauvres et se montra partisan convaincu de la liberté des cultes. Il périt assassiné le 16 mars 1792, et son fils Gustave-Adolphe IV se rendit si insupportable à la nation par son incapacité, par ses sottes dépenses et par sa lâcheté, qu'une conspiration le renversa au bout de seize ans de règne. Les États le déclarèrent déchu, élevèrent au trône le duc de Sudermanie sous le nom de Charles XIII, et exilèrent

Gustave IV après lui avoir accordé une rente de 144,000 francs ; puis ils rédigèrent la constitution du 6 juin 1809, dont certaines dispositions sont encore en vigueur aujourd'hui[1]. Charles XIII était arrivé au trône à un âge trop avancé pour conserver l'espoir d'avoir des héritiers directs. Dès le mois de mai, la voix de la nation désignait le prince de Holstein-Augustenbourg ; mais celui-ci étant mort subitement en 1810, les Etats proclamèrent le maréchal Bernadotte, prince de Ponte-Corvo, héritier de la couronne de Suède. Notre compatriote, qui gouverna véritablement sa nouvelle patrie du vivant même de son père adoptif, monta sur le trône en 1818, et, sous le nom de Charles-Jean XIV, fonda la dynastie de Ponte-Corvo, représentée aujourd'hui par Oskar II. Depuis 1866, l'antique distinction des citoyens en quatre classes est abolie : tous sont égaux devant la loi, et la Suède est peut-être plus près qu'on ne le pense généralement de la véritable liberté.

Le cabinet de Stockholm fut jeté en 1812 dans l'alliance de la Russie, et des concessions réciproques cimentèrent cette union de deux puissances longtemps rivales : Charles XIII renonça au grand duché de Finlande ; le czar s'engagea en retour à assurer à la Suède la Norvège, qu'on enlèverait à Frédérik VI, allié de Napoléon. Quand la chute de l'empereur eut rendu la Russie toute-puissante, le Danemark s'empressa de mettre les pouces, et le traité de Kiel (14 janvier 1814) donna à Charles XIII le reste de la péninsule. Le prince Christian-Frédé-

[1] Voir le chapitre IV (*Organisation des pouvoirs*), p. 185.

rik, cousin germain du roi de Danemark et gouverneur général de la Norvège, essaya de résister avec les seules forces qu'il avait à sa disposition, dans l'espoir que le pays délivré lui confèrerait la couronne. La Diète lui donna bien pleine et entière satisfaction, mais lorsque le prince royal de Suède eut conduit ses troupes à la prise de Frédérikstad, le nouveau souverain se hâta de conclure une convention aux termes de laquelle Charles XIII s'engageait à accepter la constitution rédigée par les députés norvégiens et à ne faire poursuivre personne pour les opinions, contraires à l'union des deux royaumes, qu'il aurait pu émettre antérieurement.

Les États, convoqués par le prince Christian, se réunirent le 8 octobre à Christiania. Ils reçurent la déclaration par laquelle celui-ci se désistait des pouvoirs qu'on lui avait confiés et ils revisèrent, de concert avec des commissaires suédois, la constitution votée lors de l'élection de Christian. Charles XIII fut élu roi de Norvège à l'unanimité. L'union des deux royaumes scandinaves eut lieu sans effusion de sang, parce que la Suède ne considéra point sa voisine comme une province conquise, mais comme une alliée éminemment respectable, parce qu'elle lui laissa sa représentation, ses lois et son administration séparées, parce qu'elle usa envers elle de tous les ménagements. Un acte particulier, dressé par les diètes des deux royaumes et consenti par le roi, détermina les rapports constitutionnels de la Suède et de la Norvège :

ARTICLE 1er. — Le royaume de Norvège formera un royaume libre, inpépendant, indivisible et inaliénable, réuni avec la Suède sous un même roi.

Art. 2. — L'hérédité suivra la ligne descendante masculine et collatérale, de la manière qui a été réglée dans l'ordre de succession du 26 septembre 1810, décrété par les États de Suède, et adopté par le roi.

Art. 3. — S'il n'y a point d'héritier présomptif, le roi, ou, s'il y a vacance du trône, le gouvernement légitime des deux royaumes par intérim, fera en même temps dans les huit premiers jours de l'ouverture des deux diètes, la proposition relative à la succession. Les membres des deux diètes ont le droit de proposer un candidat. L'élection devra nécessairement commencer dans les douze jours qui suivront la proposition du gouvernement. La veille du jour fixé pour l'élection, les deux diètes nommeront un comité qui, dans le cas où l'élection des deux diètes tomberait sur des individus différents, se réunira comme fondé de pouvoirs des deux royaumes, pour fixer, à la pluralité des voix, le choix sur un seul individu. Ce comité, composé de trente-six personnes de chaque royaume, et de huit suppléants, se réunira à Carlstadt dans les vingt et un jours qui suivront les douze jours fixés ci-dessus pour l'élection. Le scrutin du comité se fera par billets pliés, signés de l'un des deux orateurs (présidents) du comité réuni. Avant de compter les billets, l'orateur en mettra un à part cacheté, qui aura voix prépondérante s'il y a égalité de suffrages.

Art. 4. — Le roi aura le droit de rassembler les troupes, de commencer la guerre, de faire la paix, et de conclure ou de rompre des traités, d'envoyer ou d'admettre des plénipotentiaires.

Art. 5. — Si le roi veut faire la guerre, il doit faire part de son dessein à la régence de Norvège, et lui demander son sentiment sur cet objet; il lui communiquera, en même temps, un rapport aux finances, aux moyens de défense, etc. Ensuite le roi rassemblera en conseil d'État extraordinaire le ministre d'État et les conseillers d'État de Norvège ainsi que ceux de Suède, et il exposera les motifs et les circonstances à prendre en considération dans le cas dont il s'agit. La régence de Norvège fera en même temps sa déclaration sur l'état de ce royaume, et il sera fait un rapport semblable sur celui de la Suède. Le roi demandera aux membres du conseil leur opinion, que chacun d'eux donnera séparément, pour être insérée au procès-verbal, sous la responsabilité que prescrit la constitution. Alors, le roi aura le droit de prendre et d'exécuter la résolution qu'il jugera avantageuse à l'État.

Art. 6. — Si, le roi venant à mourir, l'héritier présomptif du trône est encore mineur, les conseils d'État de Norvège et de Suède se rassembleront aussitôt pour régler en commun la convocation de la diète de Norvège et de la diète de Suède.

Art. 7. — En attendant que les représentants des deux royaumes soient rassemblés et aient établi une régence pendant la minorité du roi, un conseil d'État, composé d'un nombre égal de membres norvégiens et suédois, gouvernera, sous le nom de *régence par intérim* de Norvège et de Suède, les deux royaumes, en se conformant à la constitution respective. Le conseil d'État sera formé de dix membres de chaque royaume.

Art. 8. — Le choix des personnes chargées de

la régence pendant la minorité du roi, se fera d'après les mêmes règles et de la même manière que le prescrit l'article 3 ci-dessus, pour l'élection du successeur au trône.

Art. 9. — Les personnes qui seront chargées de la régence dans les cas ci-dessus mentionnés, prêteront serment, les Norvégiens à la diète de Norvège, et les Suédois à celle de Suède. Voici quelle doit être la formule du serment :

« Je promets et jure de conduire l'administration du royaume d'une manière conforme aux lois et à la constitution : qu'ainsi Dieu et sa sainte parole me soient en aide. »

Si aucune des deux diètes n'est alors rassemblée, le serment sera déposé par écrit dans le conseil d'État, et présenté ensuite à la première diète de Suède et de Norvège.

Art. 10. — Les soins relatifs à l'éducation du roi mineur seront réglés de la manière prescrite à l'article 8. Un point fondamental sera que ce prince apprenne suffisamment la langue norvégienne.

Cet acte est en date du 6 août 1815. Depuis qu'il a été accepté par les hautes parties contractantes, aucun événement marquant ne s'est passé en Norvège, mais il est bien certain que ce dernier État n'a pas à regretter son annexion. L'autorité qu'exerce sur lui le roi de Suède est aussi faible que possible, et, sous le rapport militaire comme sous le rapport politique, la péninsule ne peut que retirer une grande force de son unité [1].

[1] Oskar II, roi de Suède et de Norvège, est monté sur le trône en 1872.

CHAPITRE IV

ORGANISATION DES POUVOIRS. — DIVISIONS ADMINISTRATIVES

Sources du droit politique suédois. — Pouvoir exécutif. — Le roi et ses ministres. — Pouvoir législatif en Suède et en Norvège. — Le Riksdag. — Le Storthing (Lagthing et Odelsthing). — Gouvernement spécial de la Norvège. — Organisation du pouvoir judiciaire dans les deux royaumes. — Divisions administratives.

Les sources du droit politique suédois actuellement en vigueur sont : 1° la constitution du 6 juin 1809 ; 2° le règlement de la Diète du 10 février 1810 ; 3° la loi de succession au trône du 26 septembre 1810 ; 4° le règlement de la liberté de la presse du 16 juillet 1812 ; 5° l'acte du royaume du 16 août 1815, réglant les rapports constitutionnels entre la Suède et la Norvège ; 6° la loi sur la représentation du 22 juin 1866.

La couronne est héréditaire de mâle en mâle, par ordre de primogéniture. Le roi est irresponsable ; mais il est assisté d'un conseil d'État composé de dix membres, dont trois sans portefeuille et sept ministres (affaires étrangères, intérieur, finances, justice, guerre, marine, instruction publique et culte). Lorsqu'une question administrative est soumise au roi et à son conseil, chaque conseiller donne son avis, après quoi le souverain décide ; si cette décision est contraire à la loi, le conseiller chargé du rapport donne sa démission, et la Diète est appelée à se prononcer.

Le roi est majeur à dix-huit ans. Il doit, ainsi que les membres de son conseil, appartenir à la religion luthérienne. Il a l'initiative des lois concurremment avec les membres du parlement ; il est chargé de leur promulgation et de leur exécution ; il dispose de la force armée ; il nomme à tous les emplois civils et militaires ; les représentants des puissances étrangères sont accrédités auprès de lui. En cas d'absence ou de maladie du monarque, la régence est confiée au prince héritier s'il n'est pas mineur, ou, à défaut de celui-ci, à un gouvernement intérimaire composé de tous les ministres de Suède et de Norvège.

Le pouvoir législatif s'exerçait, avant 1866, par les États généraux du royaume, lesquels comprenaient quatre ordres : noblesse, clergé, bourgeois, paysans. La loi du 22 juin 1866 a supprimé la représentation par ordre, et créé deux assemblées dont la réunion forme le *Riksdag* ; la première comprend cent trente-trois, et la seconde cent quatre-vingt-dix-huit députés. Les membres de la première Chambre ou Sénat sont élus pour neuf ans par les conseils généraux (*Landsting*) et les conseils municipaux des grandes villes, dans la proportion d'un membre par trente mille habitants. Les candidats doivent être âgés de trente-cinq ans, posséder des immeubles évalués pour l'assiette de l'impôt à quatre-vingt mille couronnes (112,000 francs), et jouir d'un revenu annuel de quatre mille couronnes (5,600 francs). Si, pendant le cours de la législature, un représentant tombe dans une situation de fortune entraînant l'inéligibilité, il est tenu de donner sa démission. La Chambre haute, on le voit, assure l'influence exclusive des grands propriétaires.

La seconde Chambre se compose maintenant de cent quatre-vingt-dix-huit députés élus pour trois ans par les citoyens payant contribution. Chaque district judiciaire nomme un député pour quarante mille habitants ; chaque ville élit un député pour dix mille habitants. Les candidats doivent être âgés de vingt-cinq ans accomplis, avoir depuis un an leur résidence dans la circonscription électorale, et remplir certaines conditions de cens. Une fois nommés, ils reçoivent une indemnité de douze cents couronnes pour chaque session de quatre mois, tandis que les membres de la Chambre haute n'ont droit à aucune rétribution.

Les membres du Riksdag sont inviolables. Les présidents des deux assemblées sont nommés par le roi, qui peut dissoudre le parlement avant l'expiration légale de son mandat. A l'ouverture de chaque session, les membres du Riksdag nomment par moitié des comités permanents chargés de préparer ou de modifier les projets et les propositions de loi avant la délibération publique ; ces comités sont au nombre de cinq : constitution, finances, impôts, banque, législation. Les affaires qui n'entrent pas dans ces différents ordres d'idées sont étudiées par un comité d'occasion. Enfin, un comité secret donne son avis au roi touchant les projets que celui-ci lui présente.

En cas de dissentiment entre les deux Chambres en matière d'impôts et de banque, l'opinion qui réunit le plus de voix obtient la priorité. La Diète exerce un contrôle assidu sur les fonctionnaires du gouvernement par l'organe de son *Procureur général*, élu tous les ans par vingt-quatre membres de chaque assemblée. Le comité de constitution peut se faire rendre compte de l'administration des ministres, demander leur renvoi, et charger, s'il y a lieu, son procureur général de les poursuivre devant une cour suprême. Le procureur, assisté de six représentants, veille à la liberté de la presse : aucun écrit visé par cette commission ne peut être poursuivi. Les délits de presse sont déférés à un jury composé de neuf membres, trois choisis par le demandeur, trois par le défendeur, trois par le tribunal ; la condamnation est prononcée par six voix.

Les villes et les communes rurales de la Suède possèdent chacune un conseil municipal, et pour chaque province ou *lan*, il existe un conseil général, qui se réunit tous les ans au mois de septembre. Les quatre villes dont la population dépasse vingt-cinq mille habitants s'administrent directement : ce sont Stockholm, Göteborg, Malmö et Norköping.

Le royaume de Norvège est un Etat indépendant et constitutionnel, uni à la Suède sous un même roi depuis 1814. Le peuple exerce le pouvoir législatif par le *Storthing*, qui est composé de deux Chambres : le *Lagthing* et l'*Odelsthing*. Sont électeurs les citoyens âgés de vingt-cinq ans, fonctionnaires ou anciens fonctionnaires, possédant ou affermant une terre cadastrée, propriétaires d'immeubles d'une valeur de trois cents écus de banque, marchands et artisans payant patente, capitaines de navires. Ceux qui réunissent les conditions exigées sont inscrits sur les registres de leur commune et choisissent tous les trois ans les cent onze membres du Storthing parmi les Norvégiens âgés de trente ans. Dès que le Parlement est formé, le roi (ou son délégué) en fait l'ouverture par un discours, dans lequel il l'informe de l'état du royaume et des objets sur lesquels il désire appeler l'attention des représentants. Puis le Storthing choisit un quart de ses membres pour former le Lagthing ou Chambre haute, et les trois autres quarts composent l'Odelsthing qui correspond à une Chambre populaire. Le roi n'assiste jamais aux délibérations.

Tout projet, toute proposition de loi doivent être présentés d'abord à l'Odelsthing, qui les rejette ou les envoie au Lagthing. Lorsqu'une loi a été rejetée deux fois par la Chambre haute, tout le Storthing s'assemble, et les deux tiers de ses voix décident en dernier ressort. Le veto royal n'a d'effet que pendant trois législatures successives. Les membres du gouvernement ne peuvent être députés.

Le roi, qui réside à Stockholm, est tenu de passer chaque année quelque temps en Norvège. Il choisit lui-même un Conseil d'État (*Statsrad*) comprenant deux ministres et neuf conseillers âgés de trente ans et de nationalité norvégienne. Un des ministres et deux conseillers siègent auprès du roi lorsqu'il séjourne en Suède, l'autre ministre et sept conseillers constituent le gouvernement de la Norvège, à Christiania. C'est sur l'avis de ce cabinet que le souverain nomme aux emplois civils, ecclésiastiques et militaires.

Occupons-nous maintenant de l'organisation du pouvoir judiciaire. En Suède, la justice est rendue :

1° par un tribunal suprême, siégeant à Stockholm et composé de deux Chambres de huit juges chacune ; le roi a deux voix dans la décision des affaires au rapport et à la discussion desquelles il juge à propos d'assister dans ce tribunal ; 2° par trois tribunaux d'appel, à Stockholm, à Jönköping et à Christianstad ; 3° par des tribunaux de première instance formés, dans les villes, du bourgmestre et des échevins, dans les campagnes, d'un juge assisté de douze paysans. La justice militaire et la justice ecclésiastique sont rendues par des cours spéciales. Le Code suédois date de 1734, mais il a été modifié depuis par des lois partielles, notamment en 1864. — La Norvège possède cent seize tribunaux (trente-six pour les villes, quatre-vingts pour les campagnes) de première instance, qui jugent à la fois au civil et au criminel, et qui ne comprennent chacun qu'un seul membre, sauf celui de Christiania. composé de huit juges et d'un président; pour les contestations relatives à la propriété, celui-ci s'adjoint quatre jurés élus. Les tribunaux de deuxième instance sont au nombre de cinq, formés chacun d'un président et de un, deux ou trois juges. La cour suprême, comprenant un président et dix juges, statue en dernier ressort sur certains cas déterminés ; réunie aux membres du Lagthing, elle prend le nom de *Rigsret*, et juge alors les crimes ou délits dont se rendent coupables dans l'exercice de leurs fonctions les députés, les conseillers d'État et même les membres de la cour suprême.

Au point de vue administratif, la Suède est divisée en vingt-quatre districts ou *lan* dont voici le tableau. On remarquera que l'ancienne province de Göta ou Suède méridionale a formé les douze premiers districts, que celle de Svea ou Suède centrale a formé les sept suivants, et que le Norrland et la Laponie (Lappland) ont été divisés en cinq *lan* :

Göta	1. Malmö (Malmohus.)
	2. Christianstad.
	3. Carlskrona (Blekinge.)
	4. Wexio (Kronoberg.)
	5. Jönköping.
	6. Kalmar.
	7. Linköping (Oster'gotland.)
	8. Halmstad (Halland.)
	9. Mariestad (Skaraborg.)
	10. Wenersborg (Elfsborg.)
	11. Göteborg et Bohus.
	12. Wisby (Gotland.)
Svéa	13. Stockholm et ville.
	14. Upsala.
	15. Nykoping (Sodermanland.)
	16. Westeris (Westmanland.)
	17. Orebro (Nérike.)
	18. Garestad (Wermland.)
	19. Falun (Stora Kopparberg.)
Norland et Lappland	20. Gefle (Gefleborg.)
	21. Hernösand (Westernorrland.)
	22. Ostersund (Jemtland.)
	23. Uméa (Westerbotten.)
	24. Luléa (Norrbotten.)

La Norvège est divisée en dix-huit départements (*Amter*), administrés par un préfet (*Amtmand*), qu'assiste un Conseil départemental (*Amtsformandskab*). Christiania et Bergen forment en outre deux préfectures.

Le pays se subdivise en cinq cent dix-sept communes, dont soixante et une communes urbaines et quatre cent cinquante-six communes rurales. Un Conseil administratif (*Formandskab*), et un Conseil représentatif (*Repræsentantskab*) délibèrent les affaires municipales et font exécuter leurs décisions par des bourgmestres et des échevins dans les communes urbaines, par les préfets, les baillis (*foged*) et les officiers de police (*lensmand*) dans les communes rurales. Le bourgmestre (*borgesmester*) et les échevins (*radmand*) sont nommés par le roi ; les officiers de police le sont par le préfet. Enfin, les communes rurales forment cinquante-huit bailliages (*fogderier*).

 Types de paysans Suédois.

CHAPITRE V

LES FINANCES ET L'AGRICULTURE

Le Comptoir d'État et le Comptoir de la dette publique. — La Banque nationale. — Budgets de la Suède et de la Norvège. — Dette publique. — Progrès de l'agriculture scandinave. — Élève du bétail. — État de la propriété.

Le parlement suédois est investi exclusivement du droit de voter le budget. Au-dessous de lui fonctionnent le Comptoir d'État (*Stats-kontoret*), et le Comptoir de la dette publique (*Riksgaldskontoret*), administrations financières chargées de la vérification des comptes publics. A côté de ces deux administrations, on pourrait placer la Banque suédoise, dont les directeurs sont nommés par la Diète, et qui est soumise à la surveillance d'un comité parlementaire. Cette banque émet du papier-monnaie garanti par le Trésor ; elle prête à un taux peu élevé, et ses revenus figurent dans la loi de finances au chapitre des recettes.

Le budget national de la Suède se solde en bénéfices : il est en moyenne de 120 millions, dont 30 millions sont fournis par les douanes, et 24 millions par les chemins de fer ; l'impôt sur les spiritueux rapporte à l'État près de 18 millions, et l'impôt sur le revenu donne 4,500,000 francs. Les dépenses pour l'armée, l'Église, et certaines charges civiles sont en partie fournies par les domaines de la couronne.

La dette publique de la Suède, dont le service annuel est aujourd'hui de 12 millions, n'existe que depuis 1855. Les emprunts successifs faits depuis cette époque et qui s'élèvent à 250 millions, ont eu pour objet l'établissement des voies ferrées.

La situation financière des communes est également satisfaisante, puisque l'ensemble des propriétés que possèdent les communes endettées, représente une valeur plus considérable que celle de leur passif.

Le budget voté par le Sthorting norvégien pour l'exercice 1877-1878, portait à l'article des dépenses et à celui des recettes une somme égale de 56,326,200 francs. Comme la Suède, la Norvège a contracté, pour la construction de son réseau de chemins de fer, une dette qui s'élevait, en 1876, à 98,630,000 francs.

L'agriculture suédoise, depuis un siècle, a fait d'immenses progrès, bien que la plus grande partie de la péninsule soit impropre à la culture. En Norvège, où la pêche est la principale industrie, le sol labouré ne couvre qu'une superficie d'un centième, tandis qu'en Suède, les cultures représentent le quinzième de la superficie du royaume. Peu à peu, les tourbières, les bois, les marécages, les terres infertiles se modifient sous les efforts répétés de l'industrie humaine, qui a conquis déjà 400,000 hectares. La Suède, loin de craindre sans cesse, comme autrefois, les calamités de la famine, exporte aujourd'hui des céréales en quantité considérable, et la Norvège, malgré le peu d'étendue de sa zône arable, produit plus des deux tiers de sa consommation annuelle.

L'élève du bétail se fait aussi dans des conditions satisfaisantes. Les chevaux de la Skanie sont plus grands et plus forts que dans le reste de la péninsule, mais ils ont moins d'agilité que les poneys à demi-sauvages de l'île de Gotland ; les moutons sont de chétive espèce, malgré les croisements qui ont modifié la race ovine indigène. La Suède exporte 4,300 quintaux de fromage, 69,900 quintaux de beurre, 84,200 quintaux de laine.

Les forêts couvrent environ 175,690 kilomètres carrés du territoire suédois. Les bois de Suède, planches, poutres, chevrons, mâts, étençons de mines, sont expédiés dans toutes les régions du globe, notamment en Angleterre : l'exportation forestière atteint le chiffre de 150 millions.

Près des deux tiers de la population scandinave vivent de la culture du sol. La propriété est très morcelée. Le petit propriétaire cultive lui-même son domaine avec l'aide de ses fils ou de ses domestiques à gages. Les grands propriétaires afferment leurs terres à des métayers, auxquels ils donnent une habitation, des animaux et des instruments pour cultiver, à leur profit, des concessions de terrain. L'héritage est égal pour les deux sexes. Cependant, afin de prévenir la misère, la loi interdit le partage des lots qui ne peuvent suffire qu'aux besoins de trois personnes valides. Il y a, en Scandinavie, plus de petits propriétaires que de fermiers. Ceux-ci acquittent parfois leur bail en service personnel.

Ainsi, bien que les grands lacs de la Suède, ses immenses forêts et ses montagnes, semblent devoir paralyser les progrès de l'agriculture, une contrée qui a subi, pendant bien des siècles, et pour ainsi dire périodiquement, les rigueurs de la famine, peut non seulement, satisfaire à tous ses besoins par sa seule production, mais encore se livrer à un commerce d'exportation de plus en plus considérable. Le paysan scandinave, honoré et respecté jouit d'une véritable aisance ; le gouvernement le favorise, et les sociétés financières mettent volontiers des capitaux à sa disposition.

Ces associations de crédit foncier ont pour but de procurer aux grands propriétaires des capitaux flottants avec lesquels ils peuvent entreprendre des travaux d'amélioration ou de défrichement, et importer des bestiaux étrangers pour améliorer les races du pays ; ces emprunts ne dépassent pas 20,000 écus de banque, et les résultats obtenus, qui prouvent jusqu'à l'évidence l'importance des exportations de céréales et de denrées alimentaires, suffisent pour démontrer toute l'utilité de ces entreprises.

En Norvège, à Christiania, il existe en particulier une banque qui remonte à 1816, et qui a une très grande analogie avec le Crédit foncier de France. Ses opérations consistent en prêts hypothécaires, qu'elle consent moyennant des garanties de premier ordre. Elle avance sans difficulté une somme égale aux deux tiers de la valeur des propriétés hypothéquées [1].

L'importance des fermes [2] scandinaves est très variable. « Elles comptent généralement de vingt-cinq

[1] V. *la Suède au* XIXe *siècle*, par Jules DEFONTAINE.
[2] Nous décrivons plus loin la ferme (*gaard*) norvégienne.

à quarante têtes de bétail. C'est beaucoup, si l'on songe qu'il faut avoir dans les fenils des approvisionnements de fourrages pour sept mois d'hiver. Plusieurs de ces fermes ont des cultures variées ; d'autres beaucoup plus petites se contentent d'un sillon d'avoine ou d'un champ de pommes de terre entre les fourrés et les taillis des grands bois à demi défrichés. Ces modestes métairies sont occupées par de petits fermiers qu'on appelle *cottars*, et qui payent leurs redevances en corvées sur la terre dont ils relèvent et qu'ils labourent. Mais cette corvée ne peut en rien se comparer à la corvée féodale que nous avons connue : ce n'est pas l'assujettissement d'un homme à un homme, ni d'une terre à une autre ; l'une des terres n'est pas mouvance de l'autre ; toutes les deux appartiennent au même propriétaire ; la corvée n'est donc plus ici qu'un fermage acquitté par le travail au lieu d'être payé en argent.

« Du reste, toutes les transactions de l'économie rurale se font par la voie des échanges et des compensations, sans aucune intervention du numéraire ; le contraire n'a lieu que dans des cas extrêmement rares et tout à fait exceptionnels. On donne tant de jours de travail, et l'on reçoit telle part de fruits. Le premier avantage d'un tel système est d'assurer une moralité plus haute aux rapports qui s'établissent entre celui qui possède et celui qui travaille ; c'est de supprimer cet antagonisme inhumain, qui fait que, dans certains pays, l'intérêt de l'un est toujours contraire à l'intérêt de l'autre, et que celui-ci devra s'affliger de ce qui devra réjouir celui-là. Parfois, au milieu de nations chrétiennes, j'ai entendu des gens, qui passaient pour sages, se plaindre en certaines années que l'épi fût trop épais dans les sillons, et les grains trop serrés, et la grappe trop abondante. On prétendait que c'était pour tous un malheur, et qu'avec le prix du pain, le prix du travail diminuait..... Il n'en est pas de même en Norvège : ce qui profite à l'un, profite à l'autre, et la prospérité de chacun fait celle de tous[1]. »

La terre se cède à bon compte ; dans les campagnes, on ne la mesure même pas toujours, on la vend en bloc, à vol d'oiseau. L'unité de superficie en usage est le *mæling*, qui équivaut à environ 49 mètres carrés, et qui s'emploie concurremment avec le *tænde* ou tonneau : le tonneau de terre labourable est égal à l'étendue du sol que l'on peut ensemencer avec un baril de riz, un baril d'orge, et deux barils d'avoine. La main-d'œuvre est à très bas prix ; il y a une vingtaine d'années, elle s'élevait à dix ou douze sous par jour. La charrue norvégienne est très légère ; elle n'entre jamais bien profondément dans le sol, parce qu'elle pourrait heurter le roc sur lequel porte directement la couche d'humus végétal. Un régulateur en bois, placé en avant du soc, touche le sillon, et ne laisse pénétrer au dessous de lui que la longueur de la lame précisément nécessaire à chaque terrain.

Chaque exploitation se divise en trois parties. La première comprend les céréales et d'excellent fourrage ; la seconde est une sorte de prairie, que l'on fauche ou qu'on livre aux troupeaux ; la troisième, appelée *sæter*, et souvent éloignée de la ferme,

[1] Louis Énault, *la Norvège*. — L'auteur a consacré aux paysans un chapitre très substantiel et très intéressant (Hachette).

comprend la vaine pâture : c'est là que les bêtes vont passer trois ou quatre mois de l'été, sous la surveillance des bergers et des bergères. Pour la séparation des champs, au lieu de creuser des fossés ou de planter une haie, « on plante de distance en distance deux piquets longs et forts, vis-à-vis l'un de l'autre ; des traverses plus légères et qui s'entrecroisent, appuyées au sol d'un côté, posent leur autre extrémité contre ces pieux, auxquels on les rattache avec les rameaux flexibles d'un jeune saule, ou des liens d'osier qu'on assouplit encore en les passant au feu. On varie le nombre de ces traverses, selon la hauteur et la solidité que l'on veut donner à l'obstacle. »

La base de la nourriture du paysan, c'est le gâteau d'avoine, la pomme de terre, le poisson salé, le fromage, le beurre et le la D ans les années de disette, on abat de jeunes pins vigoureux et robustes ; on enlève et on rècle l'écorce de l'arbre, on fait sécher au four la partie blanche et molle de cette écorce, on la brise, on y ajoute de la farine, et on obtient ainsi un gâteau malsain autant qu'exécrable. Les fermiers font quatre repas par jour : à deux de ces repas, ils boivent de l'eau, du lait, ou de la bière ; aux deux autres, ils absorbent de l'eau-de-vie de pomme de terre. Souvent, on sert le poisson ou la viande sur une galette, de sorte que, lorsqu'on a mangé le contenu de son assiette, on mange son assiette elle-même.

Dans les petites fermes, le mobilier se fait remarquer par sa simplicité : des marmites en fer, des cuillers de corne, des vases de bois, des couteaux dont le manche, en ivoire de morse, est cerclé de cuivre luisant. Il y a bien, dans un coin, un grand baril destiné à recevoir de l'eau ; mais, la source a beau se trouver à proximité du gaard, la provision n'est que rarement renouvelée : personne n'est aussi mou, aussi lent à la tâche que le paysan norvégien, dont l'indolence et l'apathie sont compensées par de nombreuses et solides qualités.

CHAPITRE VI

L'INDUSTRIE ET LE COMMERCE

Les industries extractives. — Les bois du Nord, l'industrie du papier, les allumettes. — Les céréales et les produits alimentaires. — Les industries chimiques et les industries textiles. — Manufactures. — Exportations et importations. — Marine marchande. — Les pêcheurs norvégiens et suédois. — Les voies de communication : canaux, chemins de fer. — Postes et télégraphes.

Les industries extractives n'ont pas encore acquis dans la péninsule Scandinave l'importance qu'elles sont appelées à avoir un jour. Si le sol scandinave est riche en carrières et en mines, la production est malheureusement insuffisante, et les habitants n'ont pas su profiter jusqu'ici des richesses dont la nature les a comblés. Les gisements de fer de Skjæstad en Norvège, près de Bodö, renferment assez de minerai pour alimenter toutes les usines du globe ; les veines de Gellivara, en Suède, contiennent 50 à 70 pour cent de métal et pourraient fournir des milliards de tonnes ; les rivières du Finmark roulent des paillettes d'or fin. Mais toutes ces richesses économiques, et bien d'autres à peine exploitées, rapportent relativement peu, parce qu'il y a entre les lieux d'extraction et les lieux de fabrication des distances considérables, et que les moyens de transport sont insuffisants pour fournir aux hauts fourneaux le combustible nécessaire à leur alimentation. Il y a une vingtaine d'années, la Suède faisait encore venir son charbon d'Angleterre; les houillères de Hogänas ne donnaient guère que 160,000 tonnes par an, et la production des mines norvégiennes de Kaafjord était insignifiante. En 1876, les deux cent cinq hauts fourneaux de la Suède n'ont travaillé ensemble que pendant trente-neuf mille vingt-huit jours, ce qui représente cent quarante-un jours et quatre heures de travail pour chacun d'eux; ils ont néanmoins produit durant ce laps de temps si restreint, 352,622 tonnes de fonte.

Les mines les plus remarquables de la Suède sont celles de Dannemora, de Taberg, de Philipstad, de Strosa, de Klacka, de Risberg, de Klackberg, d'Ormberg, et les principaux établissements métallurgiques, tous munis d'un excellent outillage, sont ceux de Motala, de Norköping, de Munkfors, de Schissytan, de Fimbö, de Finspong, d'Ankarsrum, de Vestanfors, de Gumebö, de Nyby, de Vikmanshyttan. La production totale des minerais de fer est d'environ 20,000,000 de quintaux suédois; elle est donc assez forte pour permettre une exploitation sérieuse. D'autre part, voici l'énumération des métaux suédois autres que le fer :

Cuivre.	Falun, Abvidaberg.	32.104
Nickel.	Klefva, Sagmyra.	1.168
Plomb.	Sala.	1.017
Zinc.	Anneberg.	781.897
Peroxyde de manganèse.	Spexergd, Hohult, Böhlet.	5.913
Soufre.	Falun.	7.668
Graphite.	Fagersta, Norberg.	1.225
Or.	Falun.	15
Argent.	Sala.	1.747

L'exploitation minière diffère un peu de celle des autres pays. On emploie en Suède la *boussole des mines* pour la recherche et la détermination des gisements. On préfère le travail manuel aux machines à forer; enfin, les cartes de mines, au sont dressées à raison d'une section horizontale par feuille, tandis que chez nous on réunit d'habitude toutes les sections. Quant aux méthodes d'affinage les plus usitées, ce sont celles de Lancashire et de Franche-Comté, surtout la première, qui exige une moins grande consommation de charbon.

Les bois du Nord sont exportés de Gefle, de Söderhamn, d'Hudiksvall, de Sundswal, d'Hernösand. Il y a peu de temps encore, les Suédois n'envoyaient ces bois à l'étranger que sous forme de billes ou de planches; aujourd'hui, il les expédient transformés en meubles et surtout en allumettes. Tout le monde connaît les allumettes dites suédoises fabriquées surtout à Jonköping et répandues dans le monde entier, ce qui faisait dire à un esprit plaisant :

C'est du Nord aujourd'hui que nous vient la lumière !

En outre, l'industrie du papier a été renouvelée depuis que le docteur Volter a, en 1846, trouvé le moyen d'utiliser le bois pour la fabrication de cet objet de consommation. En 1857, une manufacture, montée d'après le système Volter, souvent imitée depuis, mais restée malgré tout la plus considérable de la Suède, s'est établie à Trollhättan. Ces manufactures obtiennent par an 30,000 tonnes de pâtes et encore faut-il ajouter à ce chiffre le produit des papeteries dirigées d'après les méthodes chimiques.

L'industrie du bois a, depuis quelques années, fait

de tels progrès en Suède et en Norvège, que la concurrence s'en fait sentir même à Paris. A quinze kilomètres de Christiania, il y a une manufacture de parquets qui occupe trois cents ouvriers gagnant de quatre à cinq francs par jour. Dans les pays de production, les pièces de bois brut sont abandonnées au courant de la rivière; un barrage les arrête en face de l'usine, et là, un ouvrier les présente à la scie qui les transforme en madriers; elles passent ensuite sous une nouvelle scie qui les débite en lames de parquet; d'autres machines les blanchissent, d'autres les rainent, et enfin elles tombent dans les wagons qui les transportent à destination. Telle est la perfection de cet outillage, qu'il ne faut pas plus de trois minutes pour qu'un arbre, sortant de la rivière, soit mis en lames de parquet, chargé sur wagons et prêt à être expédié. Dans la plupart des usines, l'organisation du travail ne laisse rien à désirer, pas plus que la distribution intelligente des locaux, et l'adaptation de tous les perfectionnements fournis par la science : lumière électrique, téléphones, sonneries, etc. Les machines font presque tout, même le balayage de l'atelier, qu'elles débarrassent de tous les résidus, lesquels s'en vont alimenter les foyers des chaudières ; quant aux parties de bois rejetées des madriers, elles servent à faire des caisses d'emballage et autres menus objets. Les quelques outils nécessaires à l'ouvrier sont fournis par le patron, qui est seul à surveiller son personnel, sans qu'on puisse trouver un seul contre-maître ni commis dans des usines de plusieurs centaines d'ouvriers. En 1878, les deux royaumes comptaient trente et un établissements possédant douze moteurs hydrauliques et vingt-quatre à vapeur d'une force totale de mille quarante-cinq chevaux, et produisant pour cinq millions de bois ouvrés. En 1879, on comptait trente-sept établissements avec quarante-sept moteurs d'une force totale de mille trois cent treize chevaux ; la production resta néanmoins au chiffre de cinq millions. En 1880, il se fonda huit établissements nouveaux et la production s'accrut de 500,000 francs. L'année suivante, le nombre des usines diminua de sept, le nombre des moteurs de neuf, mais la production resta la même. Enfin, en 1882, les moteurs ne varièrent pas en nombre, et néanmoins la production s'éleva à sept millions de francs, grâce au perfectionnement de l'outillage.

La Suède produit assez de céréales pour suffire à sa consommation ; le sol de la Norvège lui aussi est fertile jusqu'au soixante-dixième degré, et son climat n'empêche pas les moissons ; toutefois, elle doit, sur ce point, recourir à l'importation, parce que sa population s'adonne aux travaux de la mer. L'industrie des conserves alimentaires a pris dans ces dernières années en Scandinavie un grand développement ; mais il n'en est pas de même de l'industrie sucrière, le sol scandinave étant trop pauvre pour alimenter les fabriques et suffire aux besoins de la consommation. Les brasseries de la péninsule sont au nombre de cent cinquante, et, en Norvège seulement, la production annuelle de ces brasseries dépasse vingt-cinq millions de litres. Les principales brasseries sont celles d'Arendal, de Christiania, de Christiansand, de Hamar et de Kronsberg. Le nombre des distilleries était si considérable au milieu de ce siècle et l'usage de l'eau-de-vie de pomme de terre était si immodérément répandu qu'une loi a dû réglementer et gêner la production des alcools (1860). Nous ne laisserons pas les industries chimiques sans dire que l'on prépare l'acide sulfurique à Stockholm et à Götenborg, que l'on traite dans les deux royaumes le guano des poissons, considéré comme un excellent engrais, et que les matières grasses étrangères alimentent les fabriques d'huiles, de bougies et de savons de Stockholm.

Les industries textiles n'ont pas une production proportionnée aux besoins de la consommation. En Suède, vingt-six établissements employant environ trois mille ouvriers, s'occupent spécialement des tissus de coton et produisent chacune par an jusqu'à trente mille mètres de toile, de calicot ou de madapolam : l'importation des cotons a atteint pour la Suède, en 1877, le chiffre de 20,485,000 livres suédoises. Les tissus norvégiens de Bergen et de Christiania sont également connus dans tout le Nord. La principale filature de lin et de chanvre est située à Almedaht, près de Götenborg, et c'est à Jonsered que l'on fabrique la grosse toile à voiles. En Norvège, les manufactures de lin les plus importantes sont situées dans les environs de Christiania. Les manufactures de drap, où se fait le tissage de la laine, sont établies à Norköping; elles sont au nombre de cinquante, tandis qu'il y a seulement pour toute la Scandinavie deux fabriques de soie, produisant à peine un million de kilogrammes. L'importation des tissus de laine dans la Suède, en 1876, s'est élevée à 17,540,000 kilogrammes.

En 1830, on comptait en Suède mille huit cent cinquante-sept fabriques ; on y compte aujourd'hui, sans parler des usines métallurgiques, deux mille sept cent dix-neuf manufactures, produisant pour deux cent quarante millions de francs et occupant cinquante mille ouvriers, auxquels le gouvernement et les particuliers portent le plus vif intérêt. En 1874 une compagnie dont les actionnaires ne doivent jamais recevoir plus de 5 pour cent, a construit cent douze logements aérés et sains pour lesquels les ouvriers payent un loyer très modique; une autre compagnie a construit de petites maisons dont les locataires deviennent possesseurs au bout de quinze ans, moyennant un versement mensuel de 72 fr. 80. Des caisses d'épargnes de secours, de sépulture, de divertissements assurent aux travailleurs des ressources en cas de maladie ou de perte d'un parent, et, en temps ordinaire, leur donnent les moyens de s'amuser ou de s'instruire. La lutte entre le capital et le travail, si aiguë dans la plupart des États européens, n'est pas encore sensible en Scandinavie.

L'industrie domestique est plus développée dans les États du Nord que partout ailleurs, ce qui tient surtout à l'insuffisance des voies de communication. Les populations des campagnes s'adonnent au tissage dans des proportions étendues, et les statistiques suédoises évaluent à onze millions de mètres les tissus ainsi fabriqués tous les ans. Les femmes de l'Angermanland excellent dans la confection des toiles fines. Il n'est même pas rare de voir les paysans fabriquer eux-mêmes les meubles simples et gracieux dont ils se servent.

La Suède, en résumé, exporte surtout des bois, des minerais et des céréales ; elle importe de la houille, des denrées coloniales, du vin, des tissus, des cuirs. Les pays aveclesquels elle trafiques ont, par ordre d'importance, la Grande-Bretagne, la France, le Danemark, la Russie. En 1876, ses exportations se sont élevées à 232,142,857 kronor, et ses importations à 321,428,571 kronor. L'industrie de la Norvège fournit à l'exportation des bois sciés et fendus et les poissons de ses côtes septentrionales; elle importe du fer ouvré, du coton, du charbon et de la laine. Elle a exporté en 1876, 81,873,600 francs de bois, et 66, 829,000 francs de poisson.

La Suède est bien supérieure à la Norvège pour son industrie; mais si le royaume occidental scandinave, qui exporte proportionnellement autant de bois que son voisin, n'envoie à l'étranger ni métaux, ni céréales, en revanche son commerce maritime le rend bien supérieur à la Suède. La flotte commerciale compte huit mille navires, jaugeant 1,500,000 tonnes et montés par soixante mille marins, tandis que la marine marchande suédoise, y compris la navigation des lacs et des fjords, ne se compose que de trois mille six cents embarcations jaugeant 388,800 tonnes et montées par vingt-trois mille matelots. Toute proportion gardée, la flotte commerciale de la Norvège est la plus grande du monde. Du cap Lindesnœss aux îles Lofoten, le riverain emploie ses économies à acheter une part de navire, et l'on pourrait dire que dans cette partie du monde tous les citoyens sont armateurs.

On sait quelle place importante tient la pêche dans l'industrie scandinave. En ce qui concerne la Suède, les statistiques divisent cette industrie en quatre branches : 1° pêche lacustre et côtière; 2° pêche du saumon dans les eaux courantes et dans les archipels ; 3° pêche du hareng dans la haute mer et sur les côtes ; 4° pêche sur les grands bancs du Kattégat et de la mer du Nord. Le Kattégat et le Skager-Rak sont sillonés de barque qui poursuivent le hareng, la morue et d'autres poissons dont se nourrissent les populations riveraines. Dans les parages du Nord, la pêche de la morue occupe parfois plus de huit mille bateaux montés par trente-cinq mille hommes : on prend jusqu'à quarante millions de ces poissons, lorsque la saison est bonne. « Tout sert dans cet animal, que l'on capture en si prodigieuse quantité : naguère les pêcheurs des Lofoten n'utilisaient la morue que pour en extraire le foie et en faire cette huile qui a pris une importance de premier ordre dans la médication moderne ; après l'opération, ils rejetaient le reste de l'animal ; mais actuellement, connaissant mieux la valeur du poisson, ils l'expédient directement à l'étranger où l'échangent avec les traitants russes pour de la farine et des étoffes ; le résidu qu'ils obtiennent après l'extraction de l'huile de foie est expédié à Trondhjem, où il est considéré comme le plus puissant des engrais ; la vessie natatoire est envoyée à la Havane pour y être mangée ou pour y servir à la fabrication de la colle ; la chair desséchée est réduite en une espèce de farine dont on fait d'excellents pâtés ; enfin la rogue, c'est-à-dire les œufs du poisson salé, est employée comme appât et jadis était surtout vendue en France aux pêcheurs de sardine ; seulement elle a beacoup perdu de sa valeur marchande dans ces dernières années, depuis qu'on emploie de préférence la rogue artificielle. Suivant la préparation qu'on lui fait subir, la morue ou cabillaud, prend les noms de stockfisk, klepfisk, törfisk, rundfisk ou rödskjear : chacune des nations commerçantes que les négociants de Bergen approvisionnent de morue a sa préparation préférée. »

Sur le littoral de la Baltique on sale en moyenne par année 150,000 tonnes de harengs, représentant une valeur de 4,200,000 francs. Sur les côtes du Kattégat, cette pêche ne rapporte guère plus de 126,000 francs ; mais en Norwège, dans les bonnes années, c'est à 300 millions que s'élève le nombre des harengs pris, puis encaqués dans des barils de sapin ou de hêtre. On pêche le phoque dans les mers Boréales, et les marins norvégiens prennent en moyenne huit millions de maquereaux par an. La pêche du saumon, qui se trouve dans les lacs de l'intérieur, représente une valeur annuelle de 1,025,000 francs. Un réseau télégraphique établi par les soins de l'État, et d'une longueur de 200 kilomètres, relie les stations occupées par les pêcheurs. Ce télégraphe, composé surtout de câbles sous-marins, a pour objet de prévenir les villages situés sur la côte de l'arrivée des harengs et de signaler exactement les fjords où ils pénètrent. On a tué quatre-vingt-dix mille phoques en 1874. Quant à la chasse aux requins, peu importante d'ailleurs, elle se fait dans les parages du Finnmarck.

Il existe à Vardo deux compagnies pour la pêche de la baleine et la fabrication de l'huile qu'on en retire. Ces compagnies possèdent de petits vapeurs à hélice d'une construction spéciale, sur l'avant desquels est installé un canon d'acier de 1m25 de longueur et de 35 à 40 centimètres de diamètre.

Massif, solide, cerclé et posé sur un pivot, ce canon, qui se charge par la gueule, se manœuvre au moyen d'une tige de fer fixé à la pièce et permettant au pointeur de lui imprimer un mouvement horizontal ou de lui donner une inclinaison verticale. C'est avec ce canon que l'on lance l'obus-harpon, qui a remplacé le système primitif du harpon lancé par la main de l'homme.

« Le nouvel engin, aussi simple qu'ingénieux, se compose d'une tige d'acier de 1 m. 40 de longueur environ et de 40 à 50 millimètres d'épaisseur. A l'une des extrémités de cette tige est fixé un obus de 10 à 12 centimètres de diamètre, muni d'une pointe d'acier triangulaire. En arrière de cet obus sont adaptées à la tige quatre branches d'acier mobiles se pliant le long de la tige pendant la trajectoire, se dressant et s'ouvrant comme l'armature d'un vulgaire parapluie, après la pénétration du projectile. Chacune de ces branches se termine par un croc en forme d'hameçon. Il en résulte que sitôt que la pointe d'acier a touché la baleine, frayant passage à l'obus qui éclate par un mécanisme très ingénieux, les branches d'acier se redressent, se développent et accrochent tout l'appareil dans l'intérieur du corps de l'animal.

« Au-dessous de ces branches une rainure est pratiquée sur une certaine longueur de la tige. Un anneau fait de fil d'acier joue dans cette rainure, servant de tête à un câble de 7 centimètres de diamètre et de 600 mètres de long, qui par son autre extrémité est solidement amarré au bâteau. Ce câble passe sur un système de treuils à frein qui permettent de le laisser filer plus ou moins vite ou de l'arrêter complètement à commandement. Un petit bout de ce cable se trouve déroulé sur le pont à côté de la pièce, le reste est soigneusement roulé en anneaux dans une chambre occupant l'arrière du bateau.

« Ce qu'il y a de particulièrement ingénieux dans cet obus-harpon, c'est que seule l'extrémité opposée à l'obus entre dans la gueule du canon préalablement bourré de poudre. Les trois quarts de la tige, c'est-à-dire la partie comprenant l'obus, les branches mobiles et la rainure où joue l'anneau, restent dehors lorsque la pièce est chargée[1]. »

Il existe plusieurs espèces de baleines. La plus grosse de celles qui se pêchent dans le nord de la Norvège est la *baleine bleue*, dont la longueur maximum est de 30 à 32 mètres et le poids moyen de 100,000 kilogrammes ; elle séjourne aux environs du pôle pendant les deux tiers de l'année, et, en juin, elle se rapproche des côtes à la suite de certains bancs de poissons. Elle vit très vieille, et le baleineau, dès l'époque de sa naissance, mesure déjà environ dix mètres de long.

Dès que les pêcheurs aperçoivent un de ces animaux, ils marchent droit sur lui jusqu'à quelques centaines de mètres de distance ; puis, le pilote tourne à droite pour lui barrer le chemin. A ce moment, chacun se prépare à remplir son rôle, et, dès que la baleine, respirant à fleur d'eau avec un bruit formidable, est à proximité du bateau, le pointeur fait partir le canon : une explosion assourdissante se fait entendre, le câble se déroule avec une vi-

[1] *Un touriste en Laponie*, par A. Kœchlin-Schwartz, p. 89-90 (Hachette,).

tesse prodigieuse, la bête prend sa course traînant derrière elle les pêcheurs et les navires jusqu'à ce que l'épuisement l'empêche d'aller plus loin. Alors on relève le câble, on amarre la victime contre le bateau, la tête tournée vers l'avant, et l'on se met aussitôt en route pour le point d'où l'on était parti. Lorsqu'on a fait une prise, on ne tente jamais une seconde capture ; car, si l'on ne tuait pas instantanément la seconde baleine, chose très rare, on risquerait de perdre la première conquête dans la course vertigineuse qu'on fait à la suite de l'animal blessé. A mesure que le bateau chasseur approche du port, des canots viennent au-devant de lui pour s'emparer des amarres ; après quoi on échoue la baleine sur un plan incliné. De cette manière, dès que le flot se retire, les ouvriers de l'usine peuvent sans perdre de temps venir procéder au déchiquetage de l'animal, opération qui dure parfois des semaines entières. Armés chacun d'un long bâton emmanché d'une lame longue, large et tranchante, ils détachent d'abord le lard, qui forme une couche de 20 centimètres d'épaisseur tout autour du corps de ce poisson gigantesque. Ce lard, découpé en bandes allant de la tête à la queue, est transporté au deuxième étage de la fabrique, où on le fait fondre dans de vastes chaudières : l'huile provenant de cette fusion coule à l'étage inférieur et est emmagasinée sur-le-champ dans des tonneaux sans subir d'autre préparation. « Ce spectacle de déchiquetage d'une baleine est une des choses les plus dégoûtantes que j'aie jamais vue. L'opération ne peut pas se faire en un jour, on le comprend. Elle dure parfois huit jours ou quinze jours, pendant lesquels la chasse continue, ajoutant de nouvelles victimes à la première. Alors, ces carcasses saignantes, à demi dépouillées, les intestins et les débris de toutes sortes épars sur le sol, imbibé de graisse et de sang, tout cela reste exposé au soleil très ardent dans cette saison, et la décomposition se fait. Aussi, indépendamment de ce que l'aspect général d'une baleine dépecée offre de répugnant et de repoussant, il faut encore subir l'odeur indescriptible qui s'en dégage. Pour la cuisson, c'est tout de même. J'ai eu l'imprudence de pencher la tête par dessus le bord d'une de ces chaudières où fond le lard, et j'ai failli suffoquer. L'odeur horrible des vapeurs chaudes qui s'en dégage et qui vous soulève le cœur m'est restée dans la gorge, dans le nez, dans la barbe ; pendant huit jours, je n'ai pu m'en débarrasser et tout ce que je mangeais me semblait assaisonné à cette abominable cuisine ».

Une grande baleine bleue vaut en moyenne 6,000 francs, lorsque le baleinier est suffisamment outillé pour tirer parti de toute sa prise. Jadis, on n'exploitait guère que les fanons et le lard : aujourd'hui, tout est utilisé. Les foies de baleine frais remplacent avantageusement les foies de morues, si usités en pharmacie. La chair et les os, hachés et desséchés, sont broyés sous des meules et vendus comme engrais. Les fanons tiennent une place importante dans la fabrication des parapluies, des parasols et des corsets. En somme, l'industrie baleinière est un métier excellent et très lucratif. Un bateau tout équipé et tout armé vaut plus de 100,000 francs, et peut, s'il a un timonier et un pointeur adroits, capturer environ trente baleines par été. Or, chaque baleine valant en moyenne 6,000 fr., on voit qu'il est assez facile de réaliser de beaux bénéfices, lorsque l'on est assez riche pour acheter une embarcation ; quant aux frais d'installation, ils sont à peu près nuls.

Il est utile de faire remarquer ici que le marchand ou commerçant norvégien n'est pas toujours assimilable à nos commerçants français. Nous ne parlons pas ici des boutiquiers des villes, mais des négociants installés dans les fjords ou dans l'intérieur du pays, et qui sont des personnages officiels, des fonctionnaires autorisés par décret et moyennant finances à se fixer dans le lieu qu'ils veulent choisir comme résidence. Ils ont peu de concurrence à soutenir, sauf dans quelques centres principaux, et dans les provinces du Nord, où les communications sont difficiles, ils imposent leurs conditions à leurs clients, obligés de s'approvisionner où ils peuvent. La conséquence de ce monopole officiel est de les rendre riches en peu de temps. Cela se conçoit, si l'on considère qu'ils vendent de la mercerie, des étoffes, du fil, de la ficelle, des hameçons, du tabac, de la farine, du blé, du sucre, du café, de la chicorée, du sel, du papier, des habillements, des chaussures, et que ceux qui sont à proximité de la mer entreprennent le commerce de la pêche sur une grande échelle, soit qu'ils fassent eux-mêmes prendre le poisson, soit qu'ils l'achètent en gros. Ils ont souvent, en outre, des sécheries de morues ; ils fabriquent l'huile de foie, ils font le trafic des peaux de renne. Aussi occupent-ils à eux seuls la majeure partie de la population locale, à laquelle ils payent un salaire minime ; bien plus, « ils rattrapent vite le peu d'argent sorti de leur caisse, en vendant très cher à ces pauvres gens les objets dont ils ont besoin et qu'on ne peut trouver que chez eux. »

Le commerce scandinave trouve de précieux auxiliaires dans les canaux et les chemins de fer qui font communiquer entre elles les villes importantes des deux royaumes. Les rares canaux de la Norvège sont de simples dérivations de torrents, mais les plaines et les lacs du versant oriental se prêtent bien à l'établissement des voies intérieures de navigation. Les principaux canaux de la Suède sont les suivants :

Canal de Göta, de la Baltique à la mer du Nord;

Canal de Sodertelge, du lac Mälaren, à la Baltique ;

Canal de Hjelmaren, de ce lac au lac Mälaren ;

Canal de Strömsholm, du lac Mälaraen au lac Södra-Barken (Dalécarlie);

Canal de Dalsland, du lac Wenern au lac Stora-Lee ;

Canal de Kinda, du canal de Göta vers le sud.

Le mouvement total de la navigation s'est élevé, en 1876, à 23,198 voiliers et à 22,903 bateaux à vapeur.

Le plus remarquable et en même temps le plus curieux de ces canaux est celui de Göta, qui traverse la Suède dans sa plus grande largeur, de Söder-Koping à Götenborg. L'idée de mettre en communication la mer du Nord et la Baltique était ancienne, car dès l'année 1516, Brask, évêque de Linköping, avait imaginé un plan dont Gustave Wasa commença l'exécution en jetant les fondements de Götenbourg ; il s'agissait de créer entre ce nouveau port et Stockholm une route directe qui mettrait à profit la navigation des lacs Wenern, Hjelmaren et Mälaren. Gustave-Adolphe traça lui-même le plan du canal d'Arboga (canal d'Hjelmaren), entre les lacs Hjelmar et Mälaren, canal qui fut achevé avec ses douze écluses pendant la minorité de la reine Christine ; et, en 1635, des études furent entreprises sur la possibilité d'une jonction des lacs Wenern et Wettern. Charles XII était trop enclin aux choses hardies pour ne pas accepter avec enthousiasme le projet de son ingénieur Polhem, qui tendait à rendre navigables les cataractes du Trollhätta et à ouvrir une communication du Trollhätta au Wenern, du Wenern à Norköping par le Wettern, le Boren et le Roxen. La mort du roi, survenue en 1718, entraîna l'abandon de l'entreprise ; mais vingt ans plus tard, le plan de Polhem fut repris, légèrement modifié, et les principales écluses étaient achevées en 1755, lorsqu'une erreur de mécanique vint arrêter les travaux : une digue transversale se brisa, mettant à sec trois écluses ; l'enthousiasme public tomba tout à coup, et les événements survenus sous Gustave III ne permirent pas au célèbre ingénieur Thumberg de mettre ses projets à exécution. Enfin, en 1800, une compagnie particulière acheva, d'après le plan réduit de Thumberg, l'exécution du canal de Trollhätta, et, en 1809, la Diète vota l'exécution définitive des travaux. Grâce à l'activité de l'amiral Platen, puis à celle du général Sparre, le canal fut ouvert à la navigation en présence du roi Charles XIV, le 26 septembre 1832.

Le canal de Göta à une longueur de 420 kilomètres, de la Baltique au Kattégat. Trente-neuf écluses s'échelonnent entre le fjord de Söderkoping et le lac Wiken, qui est la nappe de partage des eaux, 93 mètres d'altitude, et l'on compte dix-neuf autres écluses du Wiken au lac Wenern d'où s'échappe le Göta-elf. Ce fleuve capricieux, encaissé entre deux berges escarpées, coupé de rapides et de cataractes, se précipite de cascade en rocher, de rocher en abîme, et coule tantôt sur une pente douce, tantôt sur un lit inégal. A Trollhätta, il change brusquement de niveau et, après une succession de bonds, tombe à deux cents pieds plus bas dans un bassin où il retrouve son calme. Les chutes de Rannum, près de Wenersborg, avaient été contournées par un canal, mais il paraissait impossible de contourner celles de Trollhätta. L'ingénieur Nils Erikson eut la gloire de mener à bien une entreprise dont les hommes de l'art s'étaient effrayés ; il fit tailler dans le roc vif un escalier gigantesque dont les degrés sont onze écluses qui se vident et se remplissent alternativement, de manière à abaisser ou à élever le niveau des eaux au fur et à mesure que les navires accomplissent leur traversée.

La première voie ferrée de la Suède unissant les lacs Malären et Wenern, a été construite en 1856 ; aujourd'hui, c'est sur une longueur de 5,000 kilomètres que se développent les lignes suédoises dont voici les principales.

Grandes lignes :

Ligne de l'Ouest, de Stockholm à Götenbourg.

Ligne du Sud, de Falköping à Malmö;

Ligne du Nord-Ouest, de Laxa à la frontière norvégienne ;

Ligne de l'Est, de Katrineholm à Nässjö ;
Ligne du Nord, de Stockholm en Norvège par Ostersund.

Lignes secondaires :

Ligne d'Upsala-Gefle-Dala ;
Ligne de Krylbo-Norberg ;
Ligne de Frödoi-Ludvica-Vessman-Barken ;
Ligne de Vermland (est) ;
Ligne de Köping-Hult-Uttersberg ;
Ligne de Vikern-Mockeln ;
Ligne de Nora Carlskoga et Nora-Ervalla ;
Ligne de Palsboda-Finspong ;
Ligne de Hallsberg-Motala-Mjölby ;
Ligne de Mariestad-Moholm ;
Ligne de Linköping-Hjö-Stenstorp ;
Ligne d'Uddevala-Boras-Herrljunga ;
Ligne d'Ulricehamn-Vartofta ;
Ligne de Nässjö-Oskarshamn ;
Ligne de Vexiö-Alfvesta-Carlskrona ;
Ligne de Kalmar-Emmaboda ;
Ligne de Carlshamm-Vislanda ;
Ligne de Christianstad-Hessleholm-Helsingborg ;
Ligne de Sölvesborg-Christianstad ;
Ligne de Landskrona-Helsingborg ;
Ligne de Malmö-Ystad-Eslof ;
Ligne de Lund-Trelleborg.

La Norvège a, deux ans plus tôt que le royaume voisin, ouvert une première voie ferrée allant de Christiania à Eidsvold ; en dépit des difficultés naturelles de toutes sortes, elle possède aujourd'hui un remarquable réseau de chemins de fer. La ligne la plus importante est celle qui relie directement, depuis la fin de 1877, Christiania à Trondhjem. Elle était commencée depuis longtemps, car une voie ferrée de 68 kilomètres avait mis en communication Christiania et Eidsvold. De Hamar jusqu'à Amot un tronçon de 65 kilomètres avait été établi en 1852. Une ligne d'environ 322 kilomètres, et reliant Amot et Storen vient d'être ouverte au commerce. Le chemin de Christiania à Drammen n'a guère plus de 53 kilomètres. La ligne entière, jusqu'à Randjsford, avec embranchements sur Kongsberg et Kröderen, a un développement de 198 kilomètres. Les lignes de Christiania à Frederikshald à la frontière suédoise (251 kilomètres) ; de Drammen à Laurvik et à Skeen (154 kilomètres) ; de Trondhjem à Meraker et à la frontière suédoise (103 kilomètres) ; de Bergen à Voss (107 kilomètres) ; de Stavanger à Egersund (75 kilomètres) complètent le réseau des grandes lignes norvégiennes, qui compte environ 1,600 kilomètres de chemins de fer.

Les trains scandinaves sont formés de wagons de trois classes, tous aérés et commodes, et le matériel de traction a été exécuté dans de bonnes conditions. Les tarifs sont de 0 fr. 75 en première classe par mille suédois, de 0 fr. 55 en seconde classe et de 0 fr. 35 en troisième. La vitesse moyenne des trains mixtes est de 30 kilomètres par heure, celle des trains express est de 47 kilomètres. Peu d'accidents : pendant une période de vingt et un ans, on compte un voyageur tué sur 2, 921, 329. C'est l'ingénieur suédois Brunius qui a trouvé le moyen d'établir des communications télégraphiques entre les trains en marche et les stations.

Le réseau télégraphique a une longueur totale de 8,000 kilomètres pour la Suède et de 7,000 kilomètres pour la Norvège. En outre, des câbles immergés passent au-dessous du golfe de Bothnie, de la Baltique méridionale, du Sund et du Kattégat. En 1876, l'administration a distribué quarante-deux millions de lettres et un million sept cent quarante-deux mille télégrammes.

CHAPITRE VII

L'INSTRUCTION PUBLIQUE ET LES CULTES

État de l'enseignement primaire, de l'enseignement secondaire et de l'enseignement supérieur en Suède et en Norvège. — Les Universités scandinaves. — Les étudiants et leur organisation. — Congrès périodiques universitaires.
Statistique des cultes professés dans la péninsule scandinave.

L'instruction primaire est très développée dans les États Scandinaves. En Suède, elle est régie par la loi du 18 juin 1842, aux termes de laquelle il doit y avoir dans chaque paroisse urbaine ou rurale une école sédentaire dirigée par un instituteur sorti d'une école normale. Plusieurs communes peuvent, par exception, se cotiser pour entretenir une école. Autrefois, des instituteurs parcouraient les districts et s'arrêtaient dans les fermes où ils donnaient aux enfants quelques notions d'enseignement élémentaire; ils laissaient derrière eux un moniteur chargé de continuer tant bien que mal leur œuvre pédagogique. De nos jours les écoles ambulantes sont rares dans les campagnes méridionales, et n'existent en grand nombre que dans les districts du nord.

L'instruction est obligatoire pour les enfants de sept à quatorze ans et les parents qui ne se soumettent pas à cette exigence de la loi sont passibles

Types Lapons.

de certaines peines. Ceux qui reçoivent l'instruction à domicile ou dans des établissements libres, passent chaque année un examen devant un conseil scolaire, qui décide s'ils doivent ou non être soustraits à l'obligation de fréquenter les écoles de l'État. L'assistance publique pourvoit aux besoins de toute nature des enfants nécessiteux. Il y a en Suède près de neuf mille écoles primaires fixes ou itinérantes, auxquelles il faut ajouter quatre mille salles d'asile et une quinzaine d'écoles primaires supérieures destinées au perfectionnement intellectuel des enfants les plus méritants de la classe ouvrière. L'instruction est également obligatoire en Norvège où l'on compte sept mille écoles primaires dont dix-neuf cents itinérantes, et où l'enseignement secondaire est donné dans seize collèges subventionnés par le gouvernement. L'État entretient en Suède trente et un lycées organisés d'après le système français (sept classes), quarante-six comptant moins de sept classes et vingt et une pédagogies à une, deux ou trois classes. Le seul régime en vigueur dans ces lycées est l'externat, et les indigents sont dispensés des frais d'étude. Les femmes reçoivent l'enseignement à l'école normale de Stockholm où l'on forme des institutrices pour les classes secondaires. Il existe en outre une école normale pour les jeunes filles, qui compte deux cent soixante-quatre élèves; des collèges; une école professionnelle à Stockholm; de nombreuses écoles primaires; des écoles d'économie domestique. Les cours de l'Université d'Upsala sont suivis par des étudiantes, et il y a déjà en Suède des femmes médecins.

L'enseignement supérieur est donné non seulement dans les Universités de Lund, d'Upsala (Suède) et de Christiania (Norvège), mais aussi dans diverses écoles spéciales, et l'on peut ranger parmi les établissements scientifiques de haute culture un certain nombre d'académies, de sociétés savantes, de bibliothèques et de musées. Plus de mille ouvrages nouveaux paraissent en Suède chaque année et il se publie environ cinq cents journaux.

L'Université de Christiania, fondée en 1811, compte environ neuf cents étudiants. Les Universités de Lund et d'Upsala dépendent officiellement de l'Église, puisque l'évêque de Lund et l'archevêque d'Upsala en sont les vice-chanceliers. Les étudiants scandinaves se partagent en nations ou groupes d'origine. Chaque nation s'administre, jouit de privilèges spéciaux, a ses statuts, s'administre elle-même et prend des décisions en assemblée générale, possède un capital (dont le revenu est distribué aux étudiants pauvres), et un *lokal* ou immeuble comprenant des salles de bal, de concert et de fêtes; des salons de lecture et de conversation; des laboratoires et des bibliothèques. Les professeurs, membres honoraires des nations, viennent s'entretenir dans le lokal avec leurs élèves.

Les étudiants scandinaves jouent parfois des pièces satiriques de leur composition, comme nos escholiers du moyen âge représentaient des farces, folies et moralités. De temps en temps, ils tiennent des congrès périodiques qui réunissent dans une des villes universitaires les étudiants de Copenhague, de Lund, d'Upsala et de Christiania, et, qui ont pour objet de célébrer l'union intellectuelle des races du nord. L'origine de cette coutume est curieuse. En

1837, le Sund s'étant congelé entre Malmö et Copenhague, les étudiants suédois de Lund résolurent de passer le détroit sur la glace pour aller souhaiter la bienvenue à leurs collègues de Copenhague. Ceux-ci avaient eu la même idée, et Suédois et Danois se rencontrèrent au milieu du Sund. On s'embrassa, on poussa des cris de joie, on festoya, on se promit réciproquement d'oublier les vieilles divisions; bref, l'on convint de rendre régulier un rapprochement né du hasard et de convier aux réunions futures les camarades d'Upsala et de Christiania.

Lorsque se tient un de ces congrès périodiques, passés désormais dans les mœurs universitaires, le jour de la fête est annoncé le matin par des salves d'artillerie. Une joute intellectuelle a lieu entre étudiants en présence des professeurs, qui trônent sur une estrade; après quoi on se rend en corps à la cathédrale pour y célébrer l'intronisation des nouveaux docteurs. Toute l'Université assiste gravement et silencieusement à la cérémonie; mais, le soir, la scène change. Tous les étudiants, réunis autour de tables bien servies, entonnent des chœurs patriotiques ou bachiques, échangent leurs coiffures qui diffèrent suivant leur ville d'inscription, et se rendent dans une salle de bal, où les professeurs ne résistent pas toujours aux entraînements d'un excellent orchestre. Ces réunions, auxquelles assistent des jeunes gens qui occuperont peut-être de hautes fonctions politiques ou diplomatiques, ne peuvent que servir utilement la cause du scandinavisme.

La *religion luthérienne* est la religion des deux royaumes scandinaves. Au point de vue ecclésiastique, la Norvège se divise en six évêchés (*stifter*), qui se divisent à leur tour en prévôtés (*provstier*), subdivisées en paroisses (*præstegjeld*) et pastorats (*sogne*). La Suède se partage en douze diocèses : Upsala, Linköping, Skara, Strengnäs, Westeras, Wexio, Lund, Göteborg, Kalmar, Carlstad, Hernösand et Wisby. A ces douze diocèses on en peut ajouter un treizième, le consistoire de Stockholm, indépendant en fait du diocèse archiépiscopal d'Upsala.

Le tableau suivant montrera d'une manière approximative comment se répartit la population scandinave entre les différents cultes :

SUÈDE

Luthériens	4.162.087
Méthodistes, baptistes et Mormons	3.809
Juifs	1.836
Catholiques romains et russo-grecs	609
Réformés	190

NORVÈGE

Luthériens	4.800
Mormons	542
Catholiques	502
Quakers	432
Juifs	34

Le clergé norvégien possède des propriétés considérables et dirige en grande partie l'éducation des enfants. Ses ministres, (il y en avait six cent trente-sept en 1877), nommés par le roi, n'ont pas d'appointements directs, mais ils reçoivent des dîmes et des offrandes ; ils possèdent un logement, et, à la campagne, l'usufruit de certaines terres communales. Chaque ecclésiastique a un revenu moyen de 4,700 francs.

En Suède, excepté à Stockholm, l'Église tient les registres de l'état civil ; les pasteurs et les consistoires y surveillent directement l'instruction primaire. Aussi peut-on dire que le clergé scandinave exerce dans les deux royaumes une influence considérable, malgré les tendances scientifiques qui se manifestent depuis quelques années dans une partie de la population.

CHAPITRE VIII

ARMÉE ET SYSTÈME DÉFENSIF

Recrutement et composition de l'armée suédoise : indelta. varfvade bevaring. — Attributions du ministre de la guerre, Ecoles militaires. — Effectif des armées scandinaves. — Système défensif de la Suède et de la Norvège.

En 1680, le roi de Suède Charles XI institua une chambre ardente, qui procéda à la revision rigoureuse des titres de propriété et fit rentrer dans le domaine royal tous les biens qui en avaient été illégalement détachés. Le monarque se trouva alors à la tête d'une quantité considérable de terres qu'il employa principalement à réorganiser l'armée. Il donna aux officiers et aux sous-officiers, lorsque ceux-ci entrèrent en charge, une dotation territoriale, c'est-à-dire que chacun, en recevant son brevet, reçut du même coup un domaine d'autant plus vaste que son grande était plus élevé. Ce domaine ou *basttel*, le soldat ne put ni l'aliéner ni le transmettre ; il le restitua à l'État en quittant le service, ou l'échangea contre un basttel plus important à mesure qu'il s'éleva dans la hiérarchie militaire. En même temps les provinces du royaume furent subdivisées en petites circonscriptions nommées *rote*, et chaque rote dut fournir un *soldattorp*, petite métairie suffisant à l'existence d'un simple soldat et de sa famille.

Ce système est encore en vigueur aujourd'hui. Un basttel de général de brigade rapporte dix mille francs, celui d'un colonel trois mille francs, celui d'un chef de bataillon deux mille francs. « C'est donc la propriété foncière qui est tenue aujourd'hui de fournir au recrutement de l'armée ; chaque paysan doit au roi un fantassin, un cavalier ou un marin, comme en France il devait à l'État la taille, au clergé la dîme : il est tenu de trouver et de présenter un jeune homme, de lui faire contracter l'engagement de servir tant que ses forces le lui permettront, c'est-à-dire trente ans environ, de l'équiper, de le pourvoir d'une habitation et d'un champ, de lui accorder de plus un léger supplément de solde en argent ou en nature, de l'aider dans l'exploitation de la terre qui lui est concédée, de le remplacer s'il meurt, de prendre soin de lui ou de sa famille lorsque son âge ou ses blessures le rendent impropre au service de l'État, et de veiller en son absence sur sa famille et sur son champ. Les propriétés affectées à l'entretien des soldats d'un régiment sont groupées autour des domaines dont les officiers ont l'usufruit légal, et le corps entier vit ainsi aggloméré, attaché au sol, dans une sorte de cantonnement permanent sous la surveillance et l'œil de ses chefs. Les troupes recrutées de cette manière forment ce que l'on appelle l'*Indelta* ; elles sont exercées environ quatre semaines par an dans un camp de manœuvres [1]. »

L'*Indelta* forme le fond de l'armée ; mais la Suède possède aussi une *Varfade*, corps de troupes com-

[1] *En karriole*, par Albert VANDAL, p. 188 (Plon.)

posé de volontaires enrôlés pour six ans, entretenus par l'État et tenant garnison dans les villes ou dans les forteresses ; en cas de guerre le roi pourrait en outre mobiliser le *Bevàring* en bataillons de réserve. A côté de l'armée régulière, il existe des corps francs (*Skarpskyttar*) réglementés par une loi de 1861.

Dans l'île de Gotland, une force spéciale d'environ huit mille hommes est considérée comme faisant partie de l'armée active, mais elle n'est tenue au service que dans l'intérieur de l'île.

En septembre 1877, l'armée suédoise comptait cent quarante-sept mille cent quatre-vingts hommes : cent vingt-deux mille deux cent vingt-deux pour l'infanterie, huit mille onze pour la milice de Gotland, huit mille cinq cent soixante-neuf pour la cavalerie, sept mille cinq cent douze pour l'artillerie, huit cent trente-six pour le génie.

Le souverain est le chef suprême des armées de terre et de mer ; au-dessous de lui le ministre de la guerre dirige : 1° la *Chancellerie*, qui étudie les affaires militaires présentées au conseil du roi ; 2° la *Commando-Expédition*, chargée de l'examen des affaires non soumises au conseil ; 3° l'*Administration de la guerre* subdivisée en quatre sections : artillerie, génie, intendance, services administratifs. A la tête de l'armée est placé un état-major comprenant quarante-deux officiers, dont un général. L'instruction militaire est l'objet de soins particuliers ; outre les établissements spéciaux de Karlberg, le Saint-Cyr de la Suède, de Rosersberg, école de tir, de Stromsholm, école de cavalerie, de Stockholm, écoles supérieures de guerre, de gymnastique et de génie, il y a dans chaque régiment une école particulière ; des manœuvres annuelles, des voyages, des exercices pratiques complètent l'instruction militaire des Suédois.

L'armée norvégienne comprend les troupes de ligne (douze mille hommes et sept cent cinquante officiers), le train des équipages, la landwehr, la garde civique, et, en temps de guerre, la landsturn. Tous les citoyens âgés de vingt-cinq ans révolus sont pris par la souscription, sauf les ecclésiastiques et les habitants du Nordland, du Tromsö et du Finmarken. Le nombre des troupes ne peut excéder dix-huit mille hommes en temps de paix. A l'époque des grandes manœuvres le roi peut faire passer trois mille hommes de Suède en Norvège et réciproquement.

Les équipages de la flotte se recrutent en Suède de la même manière que l'armée de terre ; comme elle, ils comprennent des enrôlés militaires et des matelots fournis et entretenus par les propriétaires fonciers du littoral. Deux compagnies de deux cents mousses chacune sont réparties sur les navires stationnés à Carlskrona, la station navale la plus importante de la Suède. Le ministre de la marine a sous ses ordres quatre amiraux et environ cent trente-cinq officiers formés à l'école navale de Stockholm. En Norvège, les habitants des côtes âgés de vingt-deux à trente-cinq ans, figurent sur les registres de l'inscription maritime : en 1877, les inscrits étaient au nombre de soixante mille. Les matelots de la flotte sont presque tous volontaires ; il y en a environ deux mille. La flotte militaire de la Norvège se compose de trente-trois vapeurs (portant cent cinquante-sept canons), dont quatre cuirassés, et de quatre-vingt-treize navires à voiles, destinés à la défense des côtes ; celle de la Suède consiste en quarante-deux vapeurs, dont quatorze cuirassés, dix voiliers et quatre-vingt-sept canonnières et batteries flottantes.

La péninsule Scandinave est d'un abord difficile avec ses côtes découpées, ses fjords parsemés d'îles, ses rivages hérissés d'écueils, et du côté de la frontière de terre les steppes de Laponie se prêtent peu à la marche d'une armée en campagne. La côte orientale est défendue par les forts de Vaxholm, de Frédériksborg, de Delarö, qui défendent les passes de Stockholm ; par les forts de Kungsholmen, de Drottingskär, de Kungshall, qui couvrent le port de Carlskröna. Le dépôt militaire central du royaume est à Carlsborg, sur la rive occidentale du lac de Wettern. Les ouvrages de Malmö, de Landskrona, d'Helsingborg et de Göteborg peuvent servir d'appui à la défense des côtes le long du Sund et du Kattégat. Bien que le débarquement soit presque impossible en Norvège, par suite de sa configuration géographique, des forts s'élèvent sur quelques points légèrement exposés. Citons les places de Frédérikshald (trois forts détachés), de Frédérikstad (deux forts et plusieurs batteries), de Horten (principale station de la flotte), de Frédériksvern (deux forts et plusieurs batteries), de Bergen et de Trondhjem. La forteresse de Vardöhuus, sur l'Océan Glacial, est la plus septentrionale de l'Europe.

CHAPITRE IX

LA LITTÉRATURE SUÉDOISE

Les Folkvisor. — Pauvreté de la littérature suédoise. — Bellmann et Lidner. — Les classiques et les phosphoristes. Isaïe Tegner. — Mouvement contemporain.

Les Eddas et les Sagas sont le domaine commun des peuples scandinaves. La Suède peut donc revendiquer une partie de l'héritage poétique des Scaldes ; elles possède aussi un recueil de chants populaires, les *Folkvisor*, anologues aux *Kœmpe Viser* du Danemark. Il faut bien l'avouer : cet antique patrimoine est la seule richesse littéraire de la Suède, qui ne compte que depuis un demi-siècle quelques écrivains nationaux.

L'idylle qu'on va lire est extraite des *Folkvisor* :

« La petite bergère mène paître ses chèvres et chante doucement pour elles.

« Le roi s'éveille sur sa couche élevée et dit : — Quel est l'oiseau qui chante si bien?

« — Ce n'est pas un oiseau, bien qu'on puisse le croire ; c'est la petite bergère qui garde ses chèvres.

« Le roi dit à ses serviteurs : — Priez la petite bergère de venir ici.

« Les serviteurs s'en vont demander à la petite bergère s'il lui plaît de paraître devant le roi.

« — Comment pourrai-je paraître devant le roi? je n'ai d'autre vêtement que ce vadmel gris.

« — Le roi ne s'inquiète pas de ton vadmel gris; il veut entendre ta chanson.

« Le roi dit aux jeunes servantes : — Enlevez à la petite bergère son vêtement de vadmel.

« Le vêtement de vadmel lui est enlevé; on la couvre de martre et de zibeline.

« La petite bergère arrive au château avec des bas de soie et des souliers à boucles d'or.

« La petite bergère paraît devant le roi, et le roi la regarde d'un air favorable.

« — Petite bergère, chante un chant pour moi; je te donnerai une robe en soie brodée.

« — Une robe en soie brodée ne me convient pas : j'aime mieux retourner auprès de mes chèvres.

« — Écoute, petite bergère, chante un chant pour moi; je te donnerai un navire flottant sur l'eau.

« — Un navire flottant sur l'eau ne me convient pas ; j'aime mieux retourner auprès de mes chèvres.

« — Écoute, petite bergère, chante un chant pour moi ; je te donnerai la moitié du royaume de mon père.

« — La moitié du royaume de ton père ne me convient pas; j'aime mieux retourner auprès de mes chèvres.

« — Écoute, petite bergère, chante un chant pour moi; je te donnerai mon amour et ma foi.

« — Je ne puis avoir ton amour ni ta foi ; cependant je veux bien chanter une chanson.

« Elle chante un couplet, elle en chante trois. Les navires commencent à se balancer sur les vagues.

« Elle en chante quatre, elle en chante cinq. Le roi danse avec tous les hommes qui l'entourent.

« — Accordez-moi maintenant ce qui me fut promis : laissez-moi retourner auprès de mes chèvres.

« — Je veux bien t'accorder ce qui te fut promis ; mais jamais tu ne retourneras auprès de tes chèvres.

« Les jeunes filles et les femmes tressent les cheveux de la petite bergère ; le roi lui met sur la tête une couronne d'or[1]. »

La langue suédoise ne parvint à se constituer régulièrement qu'au XVe siècle. Sous la réforme, elle fut employée par quelques auteurs dramatiques, dont le talent était aussi pauvre que les sujets où ils allaient puiser leurs inspirations. Plus tard, la reine Christine favorisa exclusivement le latin et le français, au détriment de la langue nationale, et Gustave III, tout en protégeant les lettres, ne sut pas réveiller le sentiment patriotique endormi depuis la disparition des Scaldes. Au XVIIIe siècle, on rencontre deux poètes de talent et ces deux poètes sont des buveurs émérites : l'un, Bellmann (1740-1795), rimait toujours le verre en main ; l'autre, Lidner (1759-1793), aimait tellement la dive bouteille, qu'il tomba dans une ignoble dégradation : il vendait ses vers à des gentilshommes fanfarons, heureux d'imiter le geai de la fable. « Un jour pourtant la fortune vint frapper à sa porte sous la figure aimable d'une jeune Finlandaise, fille du général Hastfer, enthousiaste de son talent poétique. Elle

[1] Cette idylle et la ballade citée plus loin sont traduites par M. MARMIER.

lui offrit sa main et son avoir. Lidner la prévint qu'il ne pourrait s'empêcher de dévorer son patrimoine; elle persista, et, en quatre ans, elle fut complètement ruinée; la pauvre femme conserva jusqu'à la fin ses illusions et son culte pour le poète qui l'avait plongée dans la misère. » Les sciences, mieux partagées que la littérature, avaient pour principal représentant l'illustre Linné (1707-1778), créateur de la botanique.

Les Suédois lisent encore avec plaisir un recueil de poésies qu'il faut rapporter à la même période et qui sont dues à la plume de Mme Lenngren (1754-1817). Ces poésies sont naïves, gracieuses, simples, empruntées aux scènes ordinaires de la vie, tantôt gaies, tantôt rêveuses, tantôt mélancoliques, comme dans les *Plaintes de la veuve*.

« Dans mon humble et solitaire demeure, je vis en paix. Quoiqu'une troupe de pauvres enfants privés de leur père sautent et crient autour de mon rouet, mon cœur est calme.

« Celui qui veille sur nous tous, celui qui est le père des orphelins, ordonne à ses anges de protéger ces enfants privés de leur père.

« C'est cette pensée qui me console dans mes regrets, car autrefois je fus heureuse; c'est cette pensée qui maîtrise mon chagrin dans les sombres soirées d'hiver.

« Puis un jour viendra où je rejoindrai celui que j'ai aimé, dans les régions sans nuage où les époux fidèles ne se quittent plus. »

Les lettres ne prirent en Suède un caractère national qu'au commencement du XIXe siècle, sous l'influence du mouvement romantique qui commençait à se faire sentir. Le dernier représentant de l'ancienne école fut le Finlandais Michel Franzen, évêque d'Hernösand, dont les poésies lyriques ont d'autant plus de charme qu'elles sont déjà quelque peu dégagées des règles de convention. C'est par les journaux et les sociétés littéraires que les idées romantiques se répandirent à Stockholm et dans les grandes villes. Les classiques, dans leur *Journal de littérature*, combattirent énergiquement les nouvelles doctrines défendues par le *Polyphème* et le *Phosphoros*. Les critiques de Thorild et d'Ehrensvörd, jointes aux efforts de la Société d'*Iduna*, fondée à Stockholm, ne tardèrent pas à gagner aux *Phosphoristes* la faveur publique. On se disputa les odes et les élégies, les petits poèmes et les chants populaires d'Atterbon : le sentiment en était élevé, moral; le style, harmonieux, quoique légèrement apprêté. Une mort prématurée, due à des excès immodérés, empêcha Stagnelius de donner tout ce que promettaient ses premières compositions; emporté à l'âge de trente ans, il laissa des poèmes et des drames qui prouvaient la fertilité de son imagination et la puissance de ses facultés créatrices. Par contre, Erik Siöberg (1794-1828), poète d'un talent incontestable, mourut de misère avant d'avoir pu arriver au complet épanouissement de ses dispositions naturelles.

La Société d'*Iduna* ne se proposait pas seulement d'encourager le romantisme ; elle voulait aussi appeler l'attention des écrivains sur les origines de la patrie, sur les antiquités scandinaves, sur la cosmogonie du Nord, sur les poésies scaldiques. Son appel fut entendu : Geiir, lauréat à vingt ans de l'Académie suédoise, publia en 1825 *des Chroniques* relatives aux lois et aux coutumes de ses ancêtres païens ; il écrivit ensuite une histoire nationale, et, pour compléter son œuvre, il rima des strophes patriotiques qui, à elles seules, l'auraient rendu populaire. Ling porta tous ses efforts sur la mythologie : son poème le plus connu, *Gylfe*, est une épopée en quinze chants d'une lecture peu attrayante.

Le poète national de la Suède est Isaïe Tegner (1782-1846). Tegner eut une jeunesse laborieuse. Il dut donner des leçons et se faire précepteur pour amasser quelques économies qui lui permissent de suivre les cours de l'Université de Lund. En 1824, il fut nommé évêque de Vexjo. « La poésie, dit M. Bougeault, a un double caractère, qui tient à la nature du pays et à sa source d'inspiration. C'est d'abord un caractère d'énergie, de lutte, qui se trouve à l'origine dans la mythologie et dans l'histoire de ses anciens héros : combattre les éléments et les hommes, braver le danger sur la terre, les orages et les flots sur l'Océan ; vivre sous un climat rude et glacé, entre les lacs et les montagnes brumeux, sous un ciel sombre, sur une terre semée de rochers arides : telle était forcément la destinée de ce peuple aventureux et naturellement guerrier. D'un autre côté, l'âme se replie après la lutte ; le calme succède à l'orage, la réflexion accompagne les longues heures de loisir, et la mélancolie jette son empreinte sur les œuvres de l'imagination. Tegner représente bien ce double caractère de la nationalité scandinave. Il comprit ce qu'on pouvait tirer de cette veine si riche des antiques traditions ; mais il sut en même temps faire la part des besoins actuels et des progrès accomplis; il basa cette régénération littéraire sur une heureuse alliance des sentiments du passé avec les sentiments modernes. Il a interprété d'une manièré admirable le sentiment de sa nation; il lui a donné la mesure de son génie. S'il n'a pas la puissance d'un créateur de premier ordre, il a cette richesse d'imagination, cette variété d'expression, cette profondeur de sentiment qui charment et subjuguent. » Ses chefs-d'œuvre, le poème d'*Axel* et la *Saga de Frithiof*, ont assuré la victoire des phosphoristes sur les classiques. Pour donner une idée de la *Saga*, nous en extrayons le morceau suivant qui peut être intitulé *la Course en traîneau* :

« Le roi Ring se rend avec sa reine à un festin. Le lac est couvert d'une glace transparente comme un miroir.

« Ne vous hasardez point sur la glace, dit l'étranger, elle se brisera, et ce bain froid est trop profond.

« —Un roi ne se noie pas si facilement, dit Ring; que celui qui a peur fasse le tour du lac.

« L'étranger lui lance un regard sombre et menaçant, et fixe rapidement à ses pieds les patins d'acier.

« Le coursier emporte le traîneau; ses narines jettent des flammes; il est si joyeux!

« — En avant! mon bon trotteur, s'écrie le roi; montre-nous que tu as du sang de Sleipner [1].

« On vole, rapide comme la tempête; le vieillard n'écoute point les prières de la reine.

« Mais le guerrier, chaussé d'acier, ne s'arrête pas non plus; il les dépasse dès qu'il veut.

[1] Coursier merveilleux appartenant à Odin.

« Il trace mille runes sur la glace, et la belle Ingeborg glisse sur son propre nom.

« Ainsi, ils s'élancent dans la resplendissante carrière ; mais du fond de ses abîmes, la perfide Rana les épie.

« Bientôt elle perce une ouverture à son toit d'argent, et le traîneau s'y précipite.

« Ingeborg pâlit; l'étranger accourt comme un tourbillon.

« Il fixe son patin dans la glace et saisit vivement la crinière du coursier.

« Et d'un seul effort, il le remet avec le traîneau sur la voie glacée.

« — Je vanterai un pareil exploit, dit le roi; Frithiof le Fort n'eût pas mieux fait!

« Et ils retournèrent à la demeure royale, et l'étranger y resta jusqu'au retour du printemps [1]. »

Depuis Tegner, un mouvement littéraire très accentué s'est produit en Suède : on peut en attendre les meilleurs résultats.

[1] Cette traduction est de M. Léouzon Le Duc.

CHAPITRE X

LES BEAUX-ARTS EN SCANDINAVIE

Âges de la pierre, du bronze et du fer. — Architecture chrétienne. — Nicodème Tessin et son fils. — Influence de l'art français en Suède au XVIIe siècle. — Fondation d'une école de dessin à Stockholm. — Emigration des artistes scandinaves après la mort de Charles XII. — Période dite gustavienne : Sergel, Masreliez, Desprez, Adelkrantz, etc. — Réorganisation de l'Académie de dessin. — Göthe et Byström. — La Société pour l'étude des arts. — Artistes scandinaves contemporains.

On ne trouve point dans la péninsule septentrionale de l'Europe ces édifices grandioses dont s'enorgueillissent l'Orient, la Grèce et Rome. Des tombeaux de terre, des autels de granit, des cercles et des obélisques de pierres brutes ornées de caractères runographiques, tels sont les monuments d'une simplicité austère qui rappellent l'antique Scandinavie. Les objets que le sol livre chaque jour à la science appartiennent à trois grandes époques de culture : l'âge de la pierre, l'âge du bronze, l'âge du fer Les antiquités de la première et de la seconde période abondent en Suède, tandis qu'ils manquent presque absolument en Norvège. L'âge de fer commence au début même de l'ère chrétienne ; les objets qui s'y rapportent prouvent que la Suède et la Norvège entretinrent jusqu'au milieu du XIe siècle des relations suivies avec les autres États européens, et qu'elles trafiquèrent d'abord avec l'Empire, puis avec les Orientaux, notamment avec les Arabes. A partir du XIe siècle, époque de l'introduction du christianisme dans le Nord. les convertis furent en rapports constants avec l'Angleterre et l'Allemagne.

L'architecture et l'ornementation des églises bâties au XIe siècle et dans la première moitié du XIIe, révèlent le style bysantin et sur cinq cents de ces édifices qui existaient en Norvège au moyen âge, peu portaient les traces de l'influence du style gothique ; ils étaient construits presque exclusivement avec des poutres et des planches ornées d'entre-lacs sculptés. Les églises de cette période architecturale ont été détruites : il ne reste plus guère que celles de Borgund (Norvège). La cathédrale de Trondhjem, décrite plus haut, offre un mélange heureux du style romano-bysantin et du style ogival. C'est le plus grand édifice religieux du monde scandinave ; mais il est utile de citer en second lieu les cathédrales suédoises d'Upsala, de Lund, de Linköping, et les églises gothiques de Wisby et de Wreta-Kloster. L'architecture en bois, grâce aux innombrables forêts qui ombragent la contrée, devait prendre un essor aussi rapide que spontané : le Palais du gouverneur de Trondhjem (ancien palais royal) est le plus ancien monument civil de ce genre, dont un spécimen religieux est offert par l'église de Ringeloo, laquelle est en planches travaillées, goudronnées et peintes en brun ; elle est surmontée d'une tour que couronnent quatre petits clochetons triangulaires. Encore de nos jours, les habitations ainsi construites sont nombreuses; mais la brique et la pierre ne tarderont pas à faire disparaître l'ancienne architecture nationale[1].

La peinture, la sculpture ne se développèrent que très tard. Les runes constituèrent à elles seules toutes la décoration scandinave païenne, et au moyen âge la sculpture des églises procéda du style même de ces monuments. Les arts du dessin, en somme, n'eurent point de représentants indigènes avant la dernière moitié du XVIIe siècle. Les bas-reliefs, les statues que l'on rencontrait par hasard dans les églises étaient l'œuvre d'artistes étrangers, et il fallut, pour inspirer aux Suédois le goût des belles choses, que la guerre de Trente ans les mît en présence des chefs-d'œuvre de l'architecture gothique et des productions d'Albert Durer où de Lucas Kranach. La reine Christine commença à réunir en collections diverses œuvres d'art, mais sous son règne l'architecte Simon de la Vallée, les peintres David Beck, Munichhoffen et Bourdalot n'eurent point encore de concurrents parmi les nationaux. Charles XI, qui avait appelé les sculpteurs Chaveau et La Porte, eut la joie de voir enfin ses compatriotes se livrer aux applications de l'esthétique : Olof Rudbeck passa pour un architecte de talent, et Nicodème de Tessin, né près de Nyköping en 1654, fut chargé de l'édification du château de Stockholm.

Nicodème de Tessin ne voulut pas faire appel pour la décoration aux peintres de la naissante école suédoise, dont les tendances germaniques lui déplaisaient fort. Il préféra s'adresser aux Français, et après sa mort, son fils, qui le remplaça dans la

[1] Lorsque nous parilerons des mœurs scandinaves, nous nous occuperons de la construction moderne en Suède et en Norvège.

direction des travaux, avec le concours de l'architecte Charles Harleman, ne se montra pas davantage sympatique au goût allemand : il appela à Stockholm de nouveaux artistes étrangers parmi lesquels le peintre G.-T. Taraval, les sculpteurs Lelièvre, Beletti, Bouchardon, L'Archevêque, Mareliez, et le brodeur en or Sergel. Ceux-ci, et quelques Suédois tels que Jean Pasch, Olof Arénius, formèrent bientôt des cercles d'artiste sous l'égide de Tessin, grâce auxquels une école de dessin, érigée plus tard en Académie royale, fut fondée et placée sous la direction de Taraval. Le prince royal (depuis Gustave III) et son frère s'inscrivirent au nombre des élèves de l'Académie, où se formèrent Carl Gustaf Pilo, Lorenz Pasch, Pehr Krafft, G. Lundberg, les portraitistes les plus remarquables de la période gustavienne, et surtout Louis Masreliez et Tobias Sergel, fils des étrangers du même nom appelés par Tessin. En 1766, Pehr Floding fut chargé de fonder et de diriger une école de gravure.

Les artistes scandinaves avaient dès lors de sérieux éléments de travail, mais ils émigrèrent presque tous en présence de la pénible situation financière où les guerres de Charles XII plongèrent l'État suédois. Pilo vint à Copenhague, Mandelberg l'y rejoignit. Alexandre Roslin s'établit à Paris, où il acquit une grande réputation comme portraitiste, et où le miniaturiste Peter Adolf Hall trouva également la gloire et la fortune. Cogell obtint à Lyon une place de professeur, Elias Martin visita l'Angleterre, Adolf Ulrich Wertmüller vécut en France et en Amérique ; Sergel et Masreliez quittèrent leur patrie, enfin Pehr Hilleström étudia chez Boucher.

Gustave III, ami enthousiaste des lettres et des arts, résolut de rappeler les artistes suédois les plus éminents qui résidaient à l'étranger. Sergel accourut à l'appel du monarque ; il s'était acquis à l'étranger une grande renommée par son *Faune* et ses statues de *Diomède* et d'*Othryadès*, et sa réputation ne fit que s'accroître lorsqu'il eut produit l'*Amour et Psyché*, la *Vénus Callipyge*, la *Vénus au bain*, la *Muse de l'Histoire*, la statue de *Descartes* et une quantité considérable de bustes et de médaillons. Il a représenté Gustave III, au moment où il aborde près de Skeppsborn et présente à son pays le rameau d'olivier, symbole de paix. Le peintre Masreliez, revenu quatre ans après Sergel, se consacra à la décoration monumentale et fut considéré comme l'apôtre du style classique en Suède. Notre compatriote Louis Desprez, l'intendant général Adelkrantz, Erik Palmstedt furent les architectes de la période dite gustavienne, dont Frederik Akrell et Jacob Gillberg sont les graveurs les plus remarquables.

« L'école de dessin fondée par Tessin, qui, en 1735, avait reçu le nom d'Académie de dessin, et était déjà à cette époque soutenue par des subventions de l'État, fut réorganisée en 1768. Sur la demande de l'intendant général Adelkrantz, elle fut transformée en une véritable école artistique, sous le nom d'« Académie de peinture et de sculpture ». Ses membres étaient : *Rehn*, *Johan*, *Pasch*, *L'Archevesque*, *Lundberg* et *Fehrmann*, à titre de fondateurs, et *Safvenbom*, *Lorenz Pasch*, *Floding*, *Gillberg* et *Ejungberger*, comme « confrères » ; L'Archevesque devint le premier directeur de la nouvelle académie. L'existence de la nouvelle école fut cependant menacée, lorsque le parti politique des « bonnets », qui était alors au pouvoir, eut l'intention de retirer les subventions; mais le coup d'État de Gustave III survint et sauva l'académie. Pendant les années 1773 et 1777, la subvention ayant été augmentée, l'enseignement prit un développement plus considérable. La position de l'Académie fut en outre assurée par le patriotisme du directeur général Gerhar Meyer, qui légua par testament à l'Académie l'hôtel où elle tient encore aujourd'hui ses séances. Les collections nécessaires à l'enseignement, les antiques, etc., purent dès lors être classés, et les expositions fixées par les statuts de l'Académie purent avoir lieu. Ces expositions montrèrent combien l'influence de l'Académie s'était accrue sous le rapport de l'enseignement, quoique cette société fût largement ouverte au dilettantisme. Malgré ces circonstances, si favorables qu'elles parussent, il n'est pas possible de dire que, pendant le temps qui suivit, il se soit formé quelque artiste hors ligne dans l'Académie; les malheureux événements politiques contribuèrent beaucoup à cette stérilité. Il y avait d'excellents professeurs, tels que Sergel, Masreliez et von Breda. Ce dernier était revenu de l'Angleterre, où il avait étudié sous Reynolds, et comme sa renommée l'avait précédé dans sa patrie, il y fut aussitôt nommé professeur. Cependant on ne voyait poindre à l'horizon le plus rapproché aucun de ces talents dont on salue avec joie l'apparition lumineuse[1]. L'art suédois avait alors

[1] *La Suède*, par Elis SIDENBLADH, trad. Sager (Paris et Stockholm 1876), p. 392.

pour principaux représentants : Pehr Krafft, Gustaf-Erik, Hasselgren et Frederik Westin.

Le sculpteur Erik-Gustaf Göthe, né en 1779, se forma sous la direction de Sergel ; il fit en Italie un séjour de sept ans, pendant lesquels il exécuta sa *Bacchante couchée*. Revenu dans sa patrie, il sculpta les monuments d'Axel Fersen et de Magnus Stenbock, les statues de Charles XIII, d'Hébé, de Vénus, de l'Amour, etc. Son rival, J.-N. Byström, né en 1783, savait l'art difficile de se créer une réputation en même temps qu'il possédait un talent remarquable, il n'eut donc pas de peine à se concilier les bonnes grâces du roi Charles-Jean, qui lui commanda *Junon et Hercule enfant*, son chef-d'œuvre, *Bacchus*, *Héra*, *l'Hymen* et les statues des rois Charles X, Charles XI, Charles XII. Les courtisans imitèrent le monarque. Ils commandèrent une foule de tableaux à Byström, dont la fortune s'arrondit outre mesure, mais qui sacrifia bientôt au « métier » au préjudice de l'art. La plupart de ces productions hâtives n'ont, il faut bien le dire, qu'une valeur médiocre et font regretter l'œuvre primitive.

Les artistes dont nous venons de parler, sauf Byström, qui résidait presque continuellement en Italie, furent les guides de l'Académie, appelée depuis 1812 Académie des Beaux-Arts. Cette école ne manquait point de professeurs, mais l'enseignement s'y donnait sans doute avec négligence, puisqu'en 1814, il se fonda à Stockholm, à côté de l'Académie, une société ennemie dont le but était, « soit de compléter par des études approfondies les études académiques incomplètes, soit d'emprunter aux légendes du Nord et à son histoire des sujets artistiques pour les substituer à ceux de l'histoire grecque et romaine, que l'Académie, selon la tradition française, donnait toujours comme objectif à ses élèves. » A la tête de la « Société pour l'étude des arts » se trouvaient Sandberg (né en 1782), Fogelberg (né en 1786), Johan von Breda, le paysagiste Fahlkrantz et le peintre de genre Alexander Lauraeus. L'*Alliance gothique*, cercle littéraire qui, poursuivant un objet analogue à la nouvelle société, lui prêta son concours dévoué : le poète Ling fit même une série de conférences sur la mythologie scandinave appliquée aux beaux-arts, et c'est sous l'impression de ces conférences que Fogelberg conçut la pensée de tirer du marbre l'*Olympe Odinique* Dès 1818, ce grand artiste exposait ses figures des *Dieux du Nord* ; Sandberg, les *Walkyries*, et Fahlkrantz, ses *Paysages suédois*. L'Académie s'émut, une polémique assez violente s'engagea entre les deux écoles ; mais elle dura peu et se termina par un compromis.

Malheureusement, le mouvement qui s'était fait dans un sens national sous l'impulsion de la Société pour l'étude de l'art, n'eut point d'influence durable, parce que les artistes indigènes sentaient la nécessité de suivre le développement du beau à l'étranger et d'y perfectionner leur éducation esthétique. Vers 1820, une nouvelle période d'émigration s'ouvrit : les peintres et les sculpteurs scandinaves se rendirent à Paris, et de là en Italie, à Rome, où ils formèrent un groupe artistique du Nord, mais envoyant dans leur patrie les plus belles de leurs productions. Aujourd'hui, Munich, Dusseldorf et Rome attirent chaque année un certain nombre d'artistes, mais c'est incontestablement à Paris que se rendent la plus grande partie des émigrants.

Les peintres scandinaves contemporains excellent dans la reproduction des paysages septentrionaux, et là, pour être admirables, ils n'ont qu'à copier la nature pittoresque de leur pays, les forêts silencieuses, les lacs aux ondes bleues, les maisons suspendues au flanc des montagnes, les fjords aux aspects multiples, les cataractes et les torrents, les aurores boréales, les régions polaires éclairées par le soleil de minuit. Il est difficile de posséder plus complètement que le peintre Wahlberg le sentiment intime de la nature, la science de la perspective et du coloris, et ce sont des toiles de valeur que celles de MM. Van Roseh, Nordenberg, Semdberg, Gegerfeld, Bergh, Jernberg [1] et Schive, Munthe, Baade, Normann, Jacobsen, Lorch, Lövär, Gismelund, Vigdhal, Muller. La peinture historique a pour représentants Cederström en Suède, Hejerdal en Norvège. M. Arbo [2] est l'auteur justement admiré de l'*Aasgardreid*, légende scandinave. Enfin, des tableaux de genre sont dus aux pinceaux de MM. Hagborg Ross et Lerche.

Quant à la sculpture, auquel Sergel et Fogelberg ont initié le monde scandinave, il est dignement représenté de nos jours par le sculpteur Berg.

[1] Ces artistes sont Suédois, les autres Norvégiens.
Artiste norvégien.

CHAPITRE XI

LES POPULATIONS DE LA PÉNINSULE SCANDINAVE

Qualités physiques et morales des Suédois et des Norvégiens. — Les paysans. — Les habitations. — Les costumes. — La karriole et les relais. — Mœurs et coutumes.

La population suédoise, y compris les Lapons, s'élève à environ quatre millions cinq cent cinquante mille hommes. Les Suédois sont robustes, agiles, souples et élancés. Des yeux d'un bleu profond éclairent leur visage au front large et découvert, et des cheveux blonds recouvrent leur crâne. Leur tête typique a la forme d'un ovale allongé légèrement plus large en arrière qu'en avant, mais arrondi des deux côtés ; sa plus grande longueur et sa plus grande largeur est comme 4 est à 3 ou comme 9 est à 7. Leur taille est élevée, leur carrure puissante, leur physionomie exprime le calme ou la fierté. Il n'ont point l'esprit vif, l'intelligence prime-sautière, et s'ils comprennent bien, ils ne comprennent que très lentement. La haute société est remarquable par son élégance, par la politesse exquise de ses manières, par la culture de son esprit, par la noblesse de ses sentiments, et l'on retrouve ces qualités, qui ont fait surnommer les Suédois les *Français du Nord*, très répandues dans la classe moyenne. Le peuple proprement dit, c'est-à-dire la catégorie si nombreuse de ceux qu'un travail continuel et absorbant empêche d'acquérir l'usage du monde, se distingue du moins par une droiture inaltérable, par le respect qu'elle porte aux lois, par ses mœurs pures, par sa frugalité et surtout par sa loyauté. M. Vandal a été témoin d'un fait assez éloquent par lui-même pour pouvoir se passer de commentaire ; il s'est passé dans un village de Dalécarlie. « Des soldats conduisaient une vingtaine de paysans condamnés récemment à dix années de travaux forcés. Voici quel était leur crime : Mécontents du bailli qu'on leur avait envoyé, ils étaient allés le trouver, lui avaient exposé leurs griefs, et, peu satisfaits sans doute de sa réponse, l'avaient quelque peu assommé. Devant la justice, aucun d'eux n'avait songé à se défendre. On les avait conduits dans la ville où nous nous trouvions, et où le chemin de fer devait venir les prendre pour les diriger sur un lieu de détention. Le train était en retard ; les condamnés, qui n'étaient ni liés ni entourés, se répandirent dans la ville, causant dans les rues ou s'attablant devant les auberges. Au moment du départ, on fit l'appel. Pas un ne manquait. Les gardiens n'avaient pas songé un moment à surveiller leurs prisonniers, et pas un de ceux-ci n'avait eu la pensée de se soustraire par la fuite au châtiment qu'il reconnaissait avoir mérité. » C'est que le paysan suédois ne manque jamais à sa parole ; sa loyauté est proverbiale, comme la bienveillance avec laquelle il accueille les étrangers. Le voyageur trouve chez lui une affabilité touchante qui lui fait oublier les désagréments de la route.

Il n'y a point en Suède de relais organisés. De distance en distance, des cultivateurs sont désignés pour fournir au public des chevaux qui servent aussi aux travaux des champs : souvent, la bête est occupée à 3 ou 4 kilomètres de la métairie, et il faut attendre patiemment qu'elle soit revenue pour se mettre en route. Du moins, la campagne est sûre. Comme les mœurs sont simples et la population laborieuse, les malfaiteurs sont on ne peut plus rares, et l'on n'a presque jamais à redouter d'agression. A chaque relais, le voyageur consigne sur un livre appelé *dagbok* son nom, son âge, le lieu où il va et celui d'où il vient, ses impressions sur la manière dont le postillon rustique a rempli son devoir ; tous les mois le dagbok est soumis à l'examen du gouverneur de la province. Le costume de ceux qu'on rencontre en voyageant ne se distingue en général que par sa simplicité et par sa propreté. En Dalécarlie, les hommes portent des habits à larges basques, des souliers à boucle, et des jabots de dentelle ; les jeunes gens ont des pourpoints blancs ouverts sur des justaucorps écarlates, et les femmes ont de longues jupes blanches agrémentées d'ornements rouges. Les villageois skaniens se coiffent de chapeaux à haute forme et à grands bords, terminés en pointe ; deux couteaux sont suspendus dans un gaine de cuir à leur ceinture en buffle. N'oublions pas non plus les hommes du peuple de Malmö, avec leur chemise de laine rouge bouffant sur les hanches et leur pantalon garni de cuir comme celui de nos cavaliers.

C'est d'ailleurs en Dalécarlie que l'on rencontre les usages les plus curieux, et on lira avec intérêt la description qu'a faite Charles Forsell d'une noce dont il a été témoin dans cette province :

« Le samedi soir, veille du jour de la cérémonie nuptiale, les invités, quelquefois au nombre de trois cents, se rassemblent dans la maison où la noce doit avoir lieu. Leur premier soin est d'y déposer les provisions qu'ils ont apportées dans leurs voitures pour contribuer à la joie du festin, et qui se composent ordinairement de beurre, de fromages, de jambon, etc.; ensuite, comme ils ne pourraient être tous logés dans la maison nuptiale, ils sont répartis dans les maisons du voisinage. Alors la fiancée, si le lieu fixé pour la noce se trouve éloigné de l'église, se rend au domicile du vicaire, où elle fait sa toilette de grand matin, afin d'être prête à recevoir son futur, qui arrive à cheval avec tout son cortège. C'est au presbytère que se règle l'ordre de la procession avant qu'on se rende à l'église.

« Le bedeau, une baguette ou un fouet à la main, s'avance le premier, suivi des musiciens ; vient ensuite le fiancé en grand costume, ayant à ses côtés l'un des parents les plus notables, et quelquefois le soldat du quartier, appelé *brundsven* ou *reduman*, et suivi des *chevaliers de noce*. Après eux viennent les demoiselles d'honneur au nombre de huit ou dix. Elles sont vêtues d'un jupon vert, d'une camisole noire, et portent autour du cou plusieurs rangs de perles de verre, et à leurs doigts une profusion de bagues de vermeil ornées de breloques ; de leur longue tresse de cheveux attachée autour du sommet de la tête pend une quantité de rubans de soie de différentes couleurs, dont les bords sont souvent brodés en or ou en argent. Enfin paraît la fiancée, conduite par une femme mariée, choisie pour l'ordinaire parmi ses plus proches parentes. Sa tête est surmontée d'une couronne de vermeil, ornée de breloques et de feuilles du même métal, le tout appartenant à l'église ; ses cheveux bouclés, entremêlés de rubans, flottent autour de son cou, qui est entouré comme celui de ses compagnes, de plusieurs rangs de perles de verre et d'autres ornements ; des gants brodés, une antique robe de satin noir, et un fichu enrichi de tout ce que l'imagination a pu produire de plus brillant, complètent ce singulier costume.

« Les musiciens s'arrêtent devant l'église, et le prêtre donne la bénédiction aux époux. Après le service divin, tout le cortège se rend à la maison où la noce doit être célébrée. La mère de l'un des mariés et la femme chargée de la cuisine (*redeian*) les reçoivent sur le perron : la première conduit les convives dans les salles où sont dressées les tables pour le festin ; la seconde mène la jeune mariée dans la cuisine, pour lui faire goûter les mets qu'elle vient d'apprêter, usage qui se rattache probablement à quelque ancienne superstition. La jeune épouse s'assied à table entre son mari et le curé de l'endroit ; le soldat du quartier obtient toujours une place distinguée. Vers la fin du repas, et après un discours prononcé par le curé en l'honneur du nouveau couple, la jeune épouse se lève suivie du *reduman* et d'un musicien, fait le tour des tables, présente à chacun des convives une coupe d'argent appelée *skænkkosa*, remplie de bière forte ou de quelque autre boisson estimée. Le convive à qui la coupe est présentée la vide, et place son offrande sur l'assiette que porte le *reduman*, ou bien il dit à celui-ci de quelle manière il contribuera à l'établissement des jeunes gens. A chaque don, le *reduman* proclame à haute voix la nature et la valeur de l'offrande. Pendant cette tournée appelée *skænka* (cadeau), le musicien joue un air particulier connu sous le nom de *skænkloten* (le son du cadeau). La jeune femme dit quelquefois en présentant sa coupe : « Que le bon Dieu vous garde en paix, c'est ma santé et celle de mon *danneman* ; » mais ce toast n'est pas généralement en usage.

« Cette cérémonie terminée, le curé ouvre le bal avec la jeune épouse. Leur danse est une espèce de valse lente et grave. Vers la nuit, la nouvelle mariée est enlevée pendant la danse par ses compagnes, qui l'amènent à son époux. Les festins de noce, entremêlés de nombreux divertissements, durent plusieurs jours de suite ; pendant ce temps, le musicien joue d'ordinaire le rôle de bouffon, et cherche, tantôt déguisé, tantôt sous son propre costume, à divertir tout le monde par ses extravagances. Le lendemain de la grande cérémonie, la jeune femme doit faire des cadeaux de rubans, de mitaines, de fil, etc., à toutes les familles présentes. Ces cadeaux sont proportionnés aux offrandes de la veille. Durant cette distribution, les jeunes gens vont dans les bois abattre un sapin d'une hauteur considérable, qu'ils traînent jusqu'à la maison pour l'élever au milieu de la cour, où ils sont reçus par l'époux, qui les régale d'eau-de-vie. Un des derniers soirs de la noce, le mari est à son tour enlevé par ses amis et conduit à sa jeune épouse. Quant la fin de la fête est arrivée, le garçon de cuisine entre dans la salle, l'air triste, tenant une marmite vide ou bien un robinet, comme pour annoncer l'état pitoyable de la cuisine et de la cave. Alors tous les convives se retirent chez eux [1]. »

Les villages, c'est-à-dire les agglomérations de maisonnettes, sont très rares dans les pays scandinaves, où les fermes s'égrènent à travers la campagne, comme si elles voulaient se fuir. Le paysan ne s'éloigne de sa ferme que le dimanche pour aller entendre le sermon de son pasteur ; les autres jours, il vit isolé de ses pareils, et le monde se borne, en ce qui le concerne, à sa ferme et à ses propriétés. Dans les plaines de la Skanie, tous les bâtiments d'une petite propriété agricole sont unis de telle sorte que leurs quatre côtés parallèles renferment la cour : l'argile et la brique entrent pour une grande part dans leur construction. Dans l'Angermanland, les maisons sont bâties au moyen de poutres couchées les unes sur les autres, équarries seulement sur les côtés apparents à l'extérieur et à l'intérieur, et conservant leur forme ronde en haut comme en bas ; les interstices sont remplis avec de la mousse. Le toit est en écorce de bouleau, en planches ou en bardeaux. La maison principale, celle qu'occupe le fermier, est ordinairement à deux étages : un perron recouvert d'une toiture de lattes donne accès au vestibule, lequel contient deux portes ; l'une s'ouvre sur une salle assez vaste chauffée par des poêles en faïence et dont les murs sont peints à la détrempe ou tendus de papier glacé. La cuisine spacieuse, dans laquelle on entre par la

[1] Ch. Forsell. *Une année en Suède*, p. 175 et suivantes.

seconde porte, est le séjour commun et habituel de la famille : là, un feu réconfortant flambe du matin au soir ; de lourdes tables et un buffet à hautes étagères sont surchargés de vaisselles luisantes, et sur un coffre peint grossièrement se lisent les initiales du père de famille, auxquelles on ajoute toujours la lettre S, abréviation du mot *son* (fils). Les campagnards suédois n'ont pas ordinairement de nom de famille ; ils ajoutent simplement au nom de leur père le vocable *son :* Karl Johansson n'est autre que Karl, fils de Johan.

Les lits sont remarquables par leur solidité et leur hauteur. Ils ont deux ou trois étages, avec la place pour deux personnes et atteignent jusqu'au plafond. Ils sont munis de portes sur le devant et ressemblent à une armoire.

Dans les contrées où des pâturages importants font partie de propriétés éloignées, il existe des chaumières (*sæter*), composées de huttes arrangées pour cuisine, laiterie et étable. Quant aux maisons à toits aigus et à lucarnes, jadis si répandues en Suède, on n'en rencontre pour ainsi dire plus : il en est de même de ces vieilles constructions à corridor extérieur et couvert, dont on a pu voir la reproduction identique à l'exposition universelle de 1867.

Pour les habitations bourgeoises, on emploie le bois dans la Suède septentrionale, et la brique ou la pierre dans les villes du Sud. Rien d'original ne distingue l'architecture civile contemporaine : en présence des incendies si fréquents et si nombreux dont les édifices en bois étaient le théâtre, l'autorité a ordonné déjà dans un certain nombre de communes l'emploi de la pierre comme élément de construction [1].

Les Norvégiens ont le même goût pour les habitations isolées : un village est souvent composé de fermes éparses çà et là et formant une seule paroisse sur un espace de plusieurs lieues. Ces fermes portent le nom de *gaard*, et leur construction, qui est de plus simples, a pour base le sapin. On prend des troncs d'arbres dans la forêt voisine, on les équarrit, on les superpose le plus exactement possible, on bouche les interstices avec de la mousse bien sèche. A l'angle des murs, les troncs s'adaptent les uns dans les autres au moyen d'entailles profondes, et lorsqu'on veut percer une fenêtre, on n'a qu'à scier la muraille. A l'intérieur, des planches unies et solidement jointes remplacent les murs de refend. Quelquefois encore un balcon finement ouvragé circule autour de la maison, dont le toit est assez saillant pour abriter cette galerie extérieure.

Le *gaard* embrasse la totalité des bâtiments qui forment l'établissement d'un cultivateur norvégien. Il se compose de maisonnettes groupées autour d'un édifice un peu plus grand, surmonté d'une flèche en bois sculpté et servant d'habitation au chef. Les maisonnettes ressemblent vaguement aux châlets suisses : seulement elles se dressent sur un piédestal en madriers, qui est couvert de neige pendant l'hiver et qui sert de hangar pendant l'été. Dans les régions rocailleuses où la terre est cultivable, le Norvégien transporte des mottes de terre sur le toit exposé au rayon du soleil, ce qui lui permet de faucher

[1] Elis SIDENBLADH, *la Suède*, exposé statistique (Paris et Stockholm, 1876, Vilsonn, éditeur).

une moisson aérienne. Pendant que la femme, les enfants, les serviteurs travaillent à qui mieux mieux, le *seigneur paysan*, le maître du *gaard*, fume sentencieusement sur le seuil de sa porte : il a, paraît-il, l'air tout à fait respectable avec ses souliers découverts, ses bas chinés, son gilet brodé, son habit à la Louis XIV, son bonnet de laine rouge et sa pipe gigantesque. Dans le Télémark en l'habit est remplacé par une petite veste brodée, et le bonnet par une calotte ronde ; les femmes portent un corsage court, une jupe très haute, un tablier à bandes soutachées : elles se coiffent d'un petit châle rayé qu'elles laissent flotter par derrière. Dans le district de Lœrdal, les hommes ont des culottes de peau jaune, les femmes, un corsage de gros drap bleu plissé aux épaules, garni de velours noir au collet et fermé par un rang de boutons d'argent ; leur bonnet blanc en forme d'éventail ne manque pas d'une certaine grâce.

L'ameublement du gaard est partout le même : des lits à baldaquins et à colonnes, des bahuts sculptés et coloriés, des crédences circulaires, des faïences, des cadres en bois verni, dans l'un desquels est un exemplaire de la Constitution, des horloges à grand diamètre, des livres de piété ou d'histoire. Il existe généralement une pièce plus luxueuse que les autres : elle est peinte entièrement d'arabesques rouges ou noires ; ses murs sont meublés de bahuts chargés de vaisselle, de chaises massives, de lourdes tables, de lits élevés. Cette chambre est celle que l'on offre aux voyageurs désireux de se reposer des fatigues de la *karriole*. La karriole se compose d'un siège en bois pour une seule personne ornée d'un coussin en forme de galette et juché sur une paire de roues. Entre le siège et l'essieu, deux demi-cerceaux également en bois servent de ressort, et, par derrière, une planchette porte les bagages, ainsi que le *skydskarl*, gamin chargé de ramener le cheval de poste après chaque relais. Le cheval norvégien, haut comme un âne, est généralement jaunâtre, sauf la queue, la peau de l'épine dorsale et la crinière, qui sont noires. Il a l'œil vif, les côtes saillantes, le jarret sec et nerveux. Il est très docile, il obéit à la parole et ne connaît guère d'autre allure que le grand trot. Il se couche de lui-même dans la poussière pour sécher sa sueur, dès que la karriole arrive au relais. Le relais est une ferme tenue de loger les voyageurs et de leur fournir des chevaux pour un prix fixé d'avance. Si la ferme est subventionnée, la station est *fixe* et les chevaux sont immédiatement exigibles ; dans le cas contraire, on est obligé d'attendre pendant trois heures sans avoir le droit de se plaindre. A chaque relais de terre (*landskyde*) correspond un relais d'eau (*vandskyde*). L'hiver, la karriole est remplacée par le traîneau.

On trouve en Norvège peu de différence dans les mœurs des diverses classes de la société. A proprement parler, c'est le paysan qui joue le rôle principal dans les affaires du pays, et le vrai maître est le propriétaire du sol. La diète est démocratique par excellence ; elle a aboli les titres de noblesse, et, comme la propriété est très divisée, l'égalité sociale est à peu de chose près une réalité : le grand cultivateur n'est pour ainsi dire qu'un riche paysan. Le Norvégien, s'il est flegmatique et taciturne est doué d'un jugement sain, qui lui a permis d'être déjà libre à une époque où les campagnards de pays plus civilisés et plus riches n'avaient pas encore la notion de leur dignité. Il travaille beaucoup, il vit modestement, et l'instruction qu'il possède porterait tous ses fruits, s'il n'abusait parfois des boissons alcooliques. Il est franc et loyal. Il aime sa patrie. Il déteste la servilité, et sa démarche aisée impose le respect. Il peut être pauvre : il n'est presque jamais misérable.

Nous ne saurions mieux terminer ce chapitre qu'en extrayant de l'important ouvrage de M. Enault sur la Norvège les considérations suivantes sur l'état social de ce pays. Ces considérations ont d'autant plus de prix, que leur auteur n'a fait qu'y exprimer le résultat des impressions personnelles qu'il a ressenties pendant son séjour dans le royame occidental de la péninsule Scandinave.

« Dans un pays qui n'a plus de noblesse et qui n'a pas encore de bourgeoisie, où l'industrie est nulle où le commerce ne franchit point l'enceinte de quelques villes, c'est dans les campagnes qu'il faut aller chercher la nation. En Norvège, c'est le paysan qui constitue le peuple. L'état du paysan, c'est l'état social lui-même. Le paysan norvégien a toujours été libre. Depuis les premiers âges, il a possédé la terre en pleine propriété, sans être jamais asservi à la glèbe. Même au temps de l'occupation danoise, la terre appartenait en propre et directement au paysan, qui ne reconnaissait aucun supérieur. C'est là le droit que le Norvégien désigne encore aujourd'hui sous le nom d'*Udal*. Ce droit a été religieusement respecté par l'occupation danoise. La terre d'*Udal* est possédée sans aucune charte de concession, sans aucune des redevances habituelles ou casuelles de la tenure féodale ; le paysan la tient librement et directement, comme le roi tient sa couronne. Elle passe de l'un à l'autre, sans qu'il faille payer aucun droit de mutation. On ne paye que l'impôt foncier, et sous une seule forme, pour subvenir aux besoins de l'État. Il est vrai que cet impôt est assez considérable : il est à peu près de 18 % du revenu. Les agnats du propriétaire ont un droit particulier qu'on apppelle *Odelsbaarn ret* et qui les autorise à réméreer la terre vendue par leur parent. Ce droit contribue pour beaucoup à retenir le gaard dans les mêmes familles. La terre n'a jamais changé de main ; elle est toujours restée dans les familles où on la voit aujourd'hui. Voilà sept ou huit cents ans que l'égalité du partage est introduite dans la loi, et cependant le morcellement de la propriété n'est pas descendu au-dessous des limites où chacun peut vivre sur sa terre. Peu à peu, les mariages reconstituèrent la propriété que les successions avaient dissoute, et l'on arriva à une moyenne stationnaire telle, que le plus grand nombre possède précisément ce qu'il lui faut pour vivre aussi loin du luxe que de la misère.

« Je ne crois pas qu'il y ait au monde un pays plus près de l'égalité sociale. On n'y rencontre ni les grandes fortunes, ni l'extrême pauvreté ; mais une sorte de moyenne instruction et de bien-être fait rouler sur toutes les têtes son niveau modeste. Les concupiscences de la richesse ou de l'ambition n'y sont point éveillées par le spectacle des prospérités éclatantes. On s'endort dans la jouissance modérée du bien, sans songer à désirer le mieux. La fortune même ne saurait donner les jouissances du luxe ;

dans un pays où il n'y a pas de luxe ; elle n'assurerait pas d'influence politique parmi des électeurs ombrageux, et quant à la pauvreté complète, personne ne songe à la craindre, parce qu'on n'en voit pas d'exemple. En Norvège, il n'y a pas, à proprement parler, de distinction tranchée ; il n'y a que des nuances, comme il doit arriver nécessairement là où tous ont assez et où personne n'a trop. Tout se nivelle, se confond et disparaît dans une médiocrité suffisante, mais non dorée. L'égalité s'étend aux manières mêmes, qui sont chez tous simples, cordiales et franches.

« Tel qu'il est constitué, le gaard norvégien a paru à quelques-uns le type exact de l'état social des anciens Germains. C'est évidemment le degré le plus infime dans l'ordre du développement historique. C'est le point de départ de ce qu'on appelle le progrès. Le groupe de la famille précède le groupe de la cité. Le lien du sang, si puissant dans les races septentrionales, dut réunir sur le sol germain tous les agnats autour du chef commun, et leur établissement n'a pu être sans rapport avec ce que nous remarquons aujourd'hui dans le gaard norvégien. On fait encore observer, comme présomption à l'appui de cette opinion, que la Norvège a conservé avec un respect filial les derniers débris des mœurs teutoniques. C'est derrière ses montagnes qu'il faut aller chercher la vieille Germanie ; c'est encore à ces paysans fiers et libres qu'il faut demander aujourd'hui le meilleur commentaire des amplifications de Tacite. Quoi qu'il en soit, le gaard, réduit à lui-même, forme un petit monde à part et complet, qui peut se passer du genre humain. La solitude rend industrieux. Cette petite colonie, cachée dans un repli de la montagne, abritée dans l'enceinte de sa forêt séculaire, ne se préoccupe d'aucun commerce extérieur, et la vie de relation lui est complètement étrangère. Tout commence et finit à elle. Le paysan norvégien vend peu de chose, et pour lui l'idéal de l'économie politique en son ménage, c'est de ne rien acheter. Ses besoins sont modérés et sa terre peut y suffire. La famille du fermier, les domestiques, plus spécialement attachés à son service les petits métayers qui vivent sur la ferme et qui relèvent d'elle, se divisent le travail et peuvent ainsi subvenir à toutes les nécessités d'une vie simple. »

CHAPITRE XII

LES LAPONS

Lapons nomades et Lapons sédentaires. — Mœurs et coutumes. — Le renne. — Deux contes lapons.

Depuis quelques années, le gouvernement a offert des concessions de terrain et même des gaards aux populations qui habitent les hauts bassins des fleuves suédois tributaires du golfe de Bothnie, le territoire finlandais cédé à la Russie par le cabinet de Stockholm et la presqu'île de Kola. Ces populations, dont le véritable nom est celui de Sames, Sameh ou Sametats, sont connues sous la dénomination générale de Lapons. Suivant les uns, les Lapons sont de race finnoise ; selon d'autres, ils descendent de peuplades Mongoles refoulées vers le nord et ayant suivi vers l'ouest les côtes de l'Océan Glacial. Il y avait à la fin du siècle dernier, six mille Lapons en Suède et en Finlande, et trois mille vivaient en Norvège. Aujourd'hui, la population laponne est évaluée à trente mille habitants.

La Laponie est une immense région peu habitée et peu favorisée par la nature. Indépendamment des nomades, elle possède bien quelques tribus sédentaires, mais celles-ci ne veulent pas se livrer d'une manière constante aux travaux de la terre ; plutôt que d'accepter les offres du gouvernement, les Lapons, race essentiellement errante, préfèrent demeurer dans l'indolence et venir vendre sur la côte des rennes et des fourrures. Leur paresse enracinée est d'autant plus regrettable que leur pays renferme çà et là des forêts très vastes et des mines de fer à peine exploitées. Ils sont de petite taille, avec un buste allongé et des jambes légèrement arquées; leurs pommettes sont saillantes, leur nez épaté, leurs yeux petits et souvent obliques, leur figure triangulaire, leur physionomie bestiale, leur peau jaunâtre et rude, leur dos courbé, leurs talons très prononcés. Ils ont le front élevé et plus ample en général que celui des Scandinaves : la capacité crânienne est en moyenne de 1321 centimètre cubes. Le regard est bienveillant, mais les paupières sont rougies par le froid et par la fumée qui obscurcit les tentes ou les cabanes ignoblement sales qui servent de demeures aux Lapons.

Les tribus de l'intérieur trouvent un précieux moyen d'existence dans l'élève du renne ; elles ne vivent pas agglomérées, mais se partagent en familles errant dans les forêts chacune pour son propre compte. Elles mangent le lait du renne ou une soupe faite de farine et du sang de cet animal, dont la peau sert à les vêtir : le Lapon ne saurait exister sans le renne, à moins de changer sa manière de vivre. Quelques Sames possèdent jusqu'à deux mille rennes, représentant une valeur d'au moins soixante mille francs. Ceux-là connaissent bien le chemin des villes les plus proches, où ils viennent placer leur argent.

La population du littoral s'adonne à la pêche. Elle augmente tous les jours, parce que les agriculteurs scandinaves refoulent de plus en plus les nomades vers le nord. Tout porte à croire que dans un avenir prochain les Lapons seront absorbés par la race scandinave, dont ils subiront la langue, les institutions et les mœurs.

La seule ville laponne de la Norvège est Karasjok, qui compte de deux cents à deux cent cinquante habitants sédentaires, et dont les maisonnettes ne sont guère que de misérables baraques, sur lesquelles un gazon touffu pousse en guise de tuiles. Il n'y a là ni rues ni chemins, mais seulement de petits sentiers qui conduisent d'une habitation à l'autre. Ces demeures des Lapons sédentaires sont toujours construites en bois et sur le même modèle. Elles ont la forme d'un carré long, qui n'a pour toutes ouvertures qu'une porte d'un côté et une fenêtre de l'autre. On entre d'abord dans une antichambre large de deux mètres et remplie de toutes sortes d'ustensiles; une cloison la sépare de la chambre unique où l'on vit, où l'on mange, où l'on couche sur une caisse pleine de branches de bouleau et couverte de peaux de rennes. Le long des murs des étagères supportent des outils, du cuir, des courroies, des jattes de lait, et, contre le plafond, sont fixées des lattes sur lesquelles sont encore posés divers objets. Dans un coin de la chambre il y a, soit un établi de menuisier, soit un métier à tisser, soit une table de cordonnier : les habitants, éloignés de tout centre commercial et industriel, ont l'habitude et l'adresse de fabriquer eux-mêmes ce dont ils ont besoin.

Le costume national se compose d'une grande blouse en futaine blanche, bleue, rouge, noire ou verte, descendant jusqu'aux genoux et bordée dans le bas de galons d'une couleur différente; le col et les coutures du dos sont agrémentés de parements, et un couteau pend à la ceinture, souvent faite d'une simple lanière de cuir. Les pantalons sont généralement en étoffe grise, le bas en est très étroit. Les *kamager* sont des demi-bottes de cuir soigneusement graissées, très souples, très larges, sans talons et relevées en pointe sur le devant ; le Lapon remplit ces bottes de menu foin pour rendre le cuir plus doux mais il ne porte ni bas ni chaussettes ; il a comme coiffure un bonnet d'étoffe de laine généralement carré dans le haut, bourré d'édredon et servant d'oreiller à son propriétaire. L'hiver, il met par dessus sa blouse et son pantalon un second costume identique au premier, si ce n'est qu'il est fait de peau de renne. Les femmes sont vêtues comme les hommes ; la seule différence est dans le bonnet, qui a tantôt une forme arrondie, tantôt celle d'un casque à la Minerve.

La langue des Lapons n'est pas aussi dure qu'on pourrait le supposer. D'après les uns, elle n'a aucune relation avec le finnois ; d'après les autres, le finnois et le lapon ont une origine commune. Elle ne se divise pas en dialectes, mais elle varie toutefois assez sensiblement d'une province à l'autre à mesure que l'on s'avance du sud au nord : les différences d'idiome ne se font sentir que par degrés, de sorte qu'il existe entre les gens de l'extrême nord et ceux de l'extrême sud un véritable abîme linguistique. Voici quelques mots empruntés au vocabulaire Sahme : *moura*, bois ; — *choika*, moustique ; — *metki*, lait ; — *leibi*, pain ; — *beruka*, viande ; — *chatsi*, eau ; — *pulk* ou *attcha*, traîneau ; —

inkat, tabac ; — *kata*, tente ; — *ski*, patin de bois ; — *komse*, berceau.

Au cours de son excursion dans le nord de l'Europe, M. Koechlin a recueilli deux fables laponnes, qu'il ne sera pas sans intérêt de reproduire ici, parce qu'elles permettrout d'apprécier exactement les caractères de l'imagination chez cette race demi-civilisée.

1° *Le Renard et l'Ours*

« Un jour, un renard était allé se promener ; arrivé à un chemin, il se dit : — Qu'est-ce qui arriverait si je faisais semblant d'être mort ? Aussitôt dit, aussitôt fait ; il s'étendit sur le chemin, allongeant les jambes comme s'il était gelé. Peu après arriva un Lapon conduisant une longue file de traîneaux.

« — Tiens ! voici un renard mort se dit-il, et il le ramassa, le jeta sur son traîneau et continua sa route. Au bout d'un moment, le renard entr'ouvrit un œil, fit un petit mouvement et se laissa glisser en bas du traîneau. Le Lapon le ramassa, le mit sur le second traîneau et repartit. Le renard se laissa de nouveau glisser, le Lapon le ramassa et le mit sur le troisième traîneau.

« Ce manège continua jusqu'à ce que le Lapon mît le renard sur le dernier traîneau chargé de poissons. Arrivé là, et tandis que le Lapon était occupé à conduire son renne, le renard coupa avec ses dents la corde du traîneau, qui s'arrêta.

« Le Lapon ne s'en aperçut qu'au bout d'un certain temps, il s'en retourna sur ses pas, mais il était tombé de la neige fraîche, et il ne put retrouver son traîneau. Pendant ce temps, le renard mangeait le poisson.

« Lorsqu'il fut bien rassasié, il alla se promener dans la forêt, tenant un beau poisson dans sa bouche, il rencontra un ours qui lui demanda où il avait trouvé ce beau poisson. — Je l'ai attrapé, dit le renard, rien n'est plus facile ; je n'ai qu'à tremper ma queue dans une source, les poissons s'y attachent, je retire ma queue et je mange les poissons

« — Ne pourrais-je pas en faire autant? dit l'ours.

« — Tu ne saurais jamais le supporter, répondit le renard.

« — Nous verrons, continua l'ours, essayons toujours.

« Alors le renard mena l'ours auprès d'une source ; il fit un trou dans la glace avec une pierre, et lui dit de tremper sa queue dans l'eau, ce que fit l'ours.

« Puis le renard alla faire un petit tour dans la forêt, et lorsqu'il revint, il vit que la queue de l'ours était gelée dans l'eau. Alors il se mit à crier de toutes ses forces. Les gens qui demeuraient près de là accoururent, et le renard leur dit : « Voyez ce que cet ours fait dans votre source ! » Ce que voyant, les gens se précipitèrent sur l'ours pour l'assommer. Celui-ci, effrayé, tira si fort sur sa queue qu'elle se cassa et il se sauva. C'est depuis cette époque que les ours n'ont plus de queue. »

2° *Les animaux sauvages et les animaux domestiques.*

« Il y avait une fois un Lapon très riche qui était sur le point de se marier. Il avait invité à ses noces tous les animaux de la forêt.

« L'ours répondit le premier à son appel et se

mit en route. Chemin faisant, il rencontra un jeune garçon, qui lui dit :

« — Où vas-tu?

« — Je vais à la noce du riche Lapon.

« — N'y vas pas, répondit le garçon, tu as une trop belle fourrure. Lorsque tu arriveras, chacun aura envie de te la prendre, et il t'arrivera malheur.

« L'ours suivit ce bon conseil et s'en retourna.

« Après l'ours vint le loup, et après lui le glouton, et après le renard et beaucoup d'autres animaux, auxquels le jeune garçon donna le même bon conseil, et qui tous s'en retournèrent.

« Puis vinrent le cheval, la vache, la chèvre, le mouton et le renne, que le jeune garçon engagea aussi à s'en retourner; mais ils voulurent aller à la noce quand même, et lorsqu'ils arrivèrent, ils furent attelés, dressés aux traits et tondus.

« Voici la raison pour laquelle quelques animaux sont restés sauvages et libres, tandis que d'autres sont devenus domestiques.

« Les premiers, qui étaient obéissants, ont profité d'un bon conseil, tandis que les seconds, qui étaient désobéissants, en ont été punis.

« C'est ainsi qu'il arrive malheur à tous ceux qui refusent de suivre un bon conseil. »

On peut dire que le Lapon sédentaire est un véritable accident, un nomade dégénéré par une cause fortuite, par exemple la perte de ses rennes. Privé de cet indispensable compagnon, il s'engage comme domestique chez un de ses anciens égaux, ou il se fait pêcheur. Quand il prend cette dernière résolution, il s'établit à demeure fixe dans une station, abandonne sa tente et se construit une cabane. C'est alors qu'il se prend à aimer l'argent, et qu'il fait parfois des économies, absolument comme s'il habitait un pays tout à fait civilisé. Lorsqu'un de ces hommes, entré définitivement dans la vie sédentaire, désire se marier, il commence par faire un cadeau à la jeune fille pour se faire agréer : si le jeune homme vient à changer d'idée, ce cadeau, consistant parfois en argent, reste acquis à l'accordée. Si au contraire c'est elle qui se dédit, elle est obligée à restitution. Une fois l'accord préliminaire établi, le garçon, accompagné de tous ses proches, va faire la demande officielle aux parents de la demoiselle qui, de leur côté, ont eu soin de réunir toute leur famille. On discute alors le pour et le contre de l'union projetée, et dès que tout le monde s'est entendu, on se rend chez le pasteur, qui célèbre les fiançailles : les deux jeunes gens se mettent réciproquement la main droite sur l'épaule, après quoi, ils se frottent le nez contre la joue, car le baiser par les lèvres est inconnu par là-bas. Lorsqu'une jeune Laponne est sur le point de se marier, l'usage veut que, par modestie, elle soit d'une extrême froideur avec son futur; le jour des noces, elle pousse même la comédie jusqu'à refuser de mettre ses habits de mariage, que ses amies lui font endosser comme malgré elle. Dans la Laponie russe, les camarades du jeune homme vont la veille assiéger la maison de la promise, jusqu'à ce qu'ils l'aient emportée d'assaut; puis, ils s'emparent de la fiancée, l'attachent sur un traîneau et la mènent au garçon. Le jour de la cérémonie, les invités sont toujours très nombreux; ils mangent et boivent en vrais Gargantuas, et vont le soir se coucher pêle-mêle, n'importe où, dans les greniers, dans les foins, dans les magasins. Le lendemain matin, à sept heures, la mariée se lève pour offrir elle-même à toute l'assistance une tasse de café additionnée de certaine liqueur qui a la vertu de guérir l'ivresse.

Si des sédentaires nous passons aux nomades, nous constatons que les campements de ces derniers se composent de tentes en coton ou en toile pendant l'été, en grosse laine pendant l'hiver ; la carcasse est formée de quatre troncs de bouleau recourbés par le haut, que l'on réunit d'abord deux par deux, et qu'on fait ensuite tenir d'aplomb tous les quatre ensemble au moyen d'une cinquième pièce de bois tenant lieu de clef de voûte ; on dresse contre cet édifice rudimentaire des perches de sapin, et on recouvre le tout d'étoffe crasseuse, en ménageant toutefois, dans la partie supérieure, une ouverture pour laisser échapper la fumée. Quand on pénètre dans l'intérieur, on ne distingue rien au premier abord, tant la fumée vous aveugle et vous prend à la gorge : c'est seulement après quelques minutes qu'on aperçoit un grand chaudron suspendu à la pièce de bois transversale au-dessus d'un feu qui ne s'éteint jamais ; puis des caisses, des coffres, des peaux de rennes servant de lits, des outils de toute espèce, des bâtons, des fusils et des haches.

En dépit de leur malpropreté et de leur misère apparente, ces nomades ont une existence peut-être plus heureuse que les sédentaires, parce que les rennes, comme nous l'avons dit déjà, leur fournissent tout ce dont ils ont besoin non pour vivre mais pour exister.

« Un troupeau se compose généralement d'environ mille têtes, non pas que chaque famille en possède ce nombre, mais c'est la quantité normale qu'il ne faut pas dépasser pour que les rennes puissent vivre et voyager dans les meilleures conditions de sécurité et d'économie possibles. Pour diriger et surveiller un troupeau de cette importance, il faut huit à dix hommes. Si la famille n'atteint pas ce nombre, on y supplée en prenant des domestiques qui vivent avec leurs maîtres sur le pied de l'égalité la plus parfaite, n'ayant ni plus ni moins de travail, partageant la même nourriture, logés et vêtus comme les chefs de famille. On ne les paye pas en argent, mais en nature. Leur salaire annuel, qui est réglé d'ordinaire en automne, varie, suivant les conventions, entre trois et quatre rennes, toujours choisis parmi les femelles pleines.

« Lorsqu'une famille à elle seule ne possède pas mille rennes, ou un chiffre approchant de mille, elle se réunit à une, deux ou trois autres familles; chacune amène son contingent pour parfaire le nombre voulu. Et je dirai, à ce propos, que les nomades de Karasjok ne possèdent guère chacun en moyenne plus de trois cents à quatre cents rennes, et, qu'à ce chiffre, ils sont pauvres, et peuvent à peine suffire à l'entretien de leur famille. J'ai entendu citer des individus possédant de quatre mille à cinq mille rennes, mais ils sont rares ceux-là, en admettant qu'ils existent, ce dont je me permets de douter. Le plus riche de Karasjok n'en a pas plus de douze cents à quinze cents.

« On voit qu'avec la moyenne de trois cents à quatre cents, il faut que nos nomades se réunissent, en général, par groupe de trois familles pour constituer un troupeau normal. Alors, ils mettent tout en commun, peines, labeurs, ainsi que leurs maigres bénéfices. Et ces bénéfices sont d'autant moins élevés, que le produit du lait d'une bonne partie des rennes se trouve absolument perdu. Ils ne donnent, en effet, beaucoup de lait qu'en été ; mais comme on ne parvient jamais à traire que ceux qui restent aux environs du campement, le lait des autres ne peut profiter aux Lapons. Il faut l'avoir vu pour se figurer ce que c'est que cette opération. Il en est très peu qui soient assez apprivoisés pour venir d'eux-mêmes, et tenir en place tranquillement comme les vaches ou les chèvres. Alors il faut user du lasso pour les prendre et les faire entrer dans de petits parcs entourés de palissades où se fait l'opération ; mais là encore, il faut souvent les garder liés pour les traire ; c'est une bagarre inimaginable et qui recommence tous les jours.

« Lorsqu'on ne connaît pas les mœurs, on pourrait dire les besoins des rennes, on se demande tout naturellement pourquoi ces perpétuels voyages, pourquoi ces migrations incessantes des Lapons. Le motif en est simple :

« Le renne ne peut vivre qu'en plein air, hiver comme été. Il n'est jamais interné dans une étable ou une écurie. De plus, on ne le nourrit pas : c'est lui-même qui cherche la nourriture qui lui convient, et pour la trouver, son instinct est merveilleux. Mais encore faut-il qu'on soit dans les places où cette nourriture se rencontre, et c'est la recherche des bonnes places qui fait la préoccupation constante des Lapons.

« Dès le printemps, l'instinct des rennes les pousse vers les côtes, et si leurs maîtres ne les y conduisaient pas, ils ne seraient plus maîtres d'eux et courraient le risque de les voir déserter en masse sans plus s'inquiéter d'eux que s'ils n'existaient pas. Au bord de la mer, en effet, les rennes sont moins tourmentés par les moustiques ; puis ils y trouvent de beaux pâturages d'herbe fine, qui font défaut à l'intérieur.

« La belle saison passée, le même instinct les pousse à rentrer à l'intérieur des terres, à s'éloigner de la mer, à courir à la recherche de leur nourriture d'hiver, les lichens et les mousses, qu'ils ne mangent d'ailleurs qu'à défaut d'herbe, qu'ils préfèrent toujours.

« Ainsi chaque saison amène pour les pauvres Lapons de nouvelles difficultés. En hiver, quand la terre est couverte d'un tapis de neige de plusieurs pieds d'épaisseur, les rennes creusent dans cette neige avec leurs pattes et leurs cornes, des trous immenses qui vont jusqu'au sol, et dans lesquels ils disparaissent presque complètement.

« Là ils trouvent les mousses, qu'ils mangent, et sont abrités en même temps contre le froid. Mais si, à l'entrée de l'hiver, la première neige vient à fondre en eau et qu'une gelée ait lieu par malheur avant que tombe une nouvelle couche de neige, alors les rennes auront beau creuser des trous énormes, ils arriveront à la couche de glace qui couvre immédiatement la terre, et qu'ils ne parviendront pas à casser. Et la mousse étant sous la glace, ils n'auront rien à manger [1]. »

[1] *Un touriste en Laponie*, par A. Kœchlin-Schwartz, p. 236 (Hachette).

En automne, lorsque commencent les froids, les Lapons abandonnent leurs pâturages d'été et ramènent les troupeaux hiverner le plus près possible de la commune. Ils réunissent d'abord toutes les bêtes, puis chaque propriétaire reconnaît celles qui lui appartiennent, grâce à une marque spéciale que chacune porte à l'oreille. Ces marques déposées au chef-lieu de la commune, sont reconnues comme la propriété exclusive de tel ou tel troupeau. Si, au cours d'une migration, un homme tombe malade, ses compagnons l'abandonnent sans scrupule dans la plaine neigeuse (*fjeld*), parce qu'ils ne sont pas assez nombreux pour que l'un d'eux puisse rester en arrière et garder le patient : le troupeau passe avant tout.

Les rennes mâles perdent leurs cornes à la mi-novembre, les femelles au mois de mai. Les Lapons les ramassent soigneusement pour les vendre. Ils choisissent le mois de septembre pour tuer ceux qu'ils destinent à leur nourriture, parce que c'est à ce moment que les bêtes atteignent leur maximum de grosseur.

FIN

TABLE DES MATIÈRES

DEUXIÈME PARTIE

LA SUÈDE ET LA NORVÈGE

8339. — Tours, imp. Rouillé-Ladevèze, rue Chaude, 6.

www.ingramcontent.com/pod-product-compliance
Lightning Source LLC
Chambersburg PA
CBHW050644170426
43200CB00008B/1147

* 9 7 8 2 0 1 3 7 3 2 1 5 4 *